Wilhelm August Wohlbrück

Der Vampyr

Romantische Oper in vier Aufzügen

Wilhelm August Wohlbrück: Der Vampyr. Romantische Oper in vier Aufzügen

Komponiert von Heinrich Marschner. Uraufführung am 29.03.1828, Schauspielhaus, Leipzig.

Neuausgabe mit einer Biographie des Autors
Herausgegeben von Karl-Maria Guth
Berlin 2020

Der Text dieser Ausgabe folgt:
Heinrich Marschner: Der Vampyr. Romantische Oper in vier Aufzügen, Dichtung von Wilhelm August Wohlbrück, hg. v. Carl Friedrich Wittmann, Leipzig: Reclam, [o. J.]

Dieses Buch folgt in Rechtschreibung und Zeichensetzung obiger Textgrundlage.

Die Paginierung obiger Ausgabe wird hier als Marginalie zeilengenau mitgeführt.

Umschlaggestaltung von Thomas Schultz-Overhage

Gesetzt aus der Minion Pro, 11 pt

Die Sammlung Hofenberg erscheint im
Verlag der Contumax GmbH & Co. KG, Berlin
Herstellung: BoD – Books on Demand, Norderstedt

Die Ausgaben der Sammlung Hofenberg basieren auf zuverlässigen Textgrundlagen. Die Seitenkonkordanz zu anerkannten Studienausgaben machen Hofenbergtexte auch in wissenschaftlichem Zusammenhang zitierfähig.

ISBN 978-3-7437-3701-3

Bibliografische Information der Deutschen Nationalbibliothek

Die Deutsche Nationalbibliothek verzeichnet diese Publikation in der Deutschen Nationalbibliografie; detaillierte bibliografische Daten sind im Internet über www.dnb.de abrufbar.

Personen

Sir Humphrey, Lord von Davenaut (Baß)

Malwina, seine Tochter (Sopran)

Edgar Aubry, ein Anverwandter des Hauses Davenaut (Tenor)

Lord Ruthwen (Bariton)

Sir Berkley (Baß)

Janthe, seine Tochter (Sopran)

George Dibdin, in Davenauts Diensten (Tenor)

John Perth, Verwalter auf dem Gute des Grafen von Marsden

Emmy, seine Tochter, George Dibdins Braut (Sopran.)

James Gadshill (Erster Tenor)
Richard Scrop (Zweiter Tenor)
Robert Green (Erster Baß)
Toms Blunt (Zweiter Baß), Landleute von Marsden

Suse, Blunts Frau (Alt)

Der Vampyrmeister

Ein Haushofmeister Davenauts (Bariton)

Ein alter Diener Berkleys

Ein Diener Berkleys

Edelherren und Damen. Jäger und Diener Davenauts und Berkleys. Ballett. Landleute von Davenaut und Marsden. Brautjungfern. Blumenmädchen. Guirlandenmädchen. Musikanten. Aufwärter. Schenkmädchen. Geister. Kobolde. Gnomen. Hexen. Teufelsfratzen. Frösche. Fledermäuse

Ort der Handlung: Schottland. Im ersten Aufzug vor der Vampyrhöhle. Im zweiten Aufzug ein Saal im Schlosse des Lords von Davenaut. Im dritten Aufzug ein freier Platz mit Terrasse im Garten vor dem Schlosse

Marsden. Im vierten Aufzug festlich geschmückter Säulensaal im Schlosse des Lords von Davenaut.

Zeit: Das siebzehnte Jahrhundert.

Rechts und links vom Darsteller.

Spielzeit: Drei Stunden.

Erste Aufführung: Theater der Stadt Leipzig, Sonnabend den 29. März 22
1828.

Ouverture.

Sechsundeinhalb Minuten. 23

Erster Aufzug.

Nr. 1. Introduktion.

Der Vorhang hebt sich im vierten Takte.

Starre Wildnis, Felsengruppen. In der Mitte vorn ein Felsblock auf einer Versenkung. Rechts vorn ein Felsenlager. Im Hintergrunde der Eingang in eine Höhle. Über der Höhle ein Steinruhelager, welches mit einer Maschinerie zum Erheben eines Menschen versehen ist; auf der linken Seite führt ein Aufgang zu diesem Steinruhelager.

Es ist Nacht, der Mond leuchtet im Hintergrunde halbhell. Kleine Irrlichter flackern hin und her. Die Hexen und Geister erscheinen in einem blauen und grünen Schimmer.

Rechts und links vom Darsteller.

Erster Auftritt

Geister. Hexen. Gnomen. Kobolde. Teufelsfratzen. Frösche. Fledermäuse. Dann der Vampyrmeister und Lord Ruthwen.

GEISTERCHOR *im wirren Durcheinander.*
Ihr Hexen und Geister,
Schlingt fröhlich den Reihn,
Ihr Hexen und Geister,
Bald wird unser Meister
Hier unter uns sein!

Sie bilden in tanzender Bewegung einen Halbkreis.

Wegen grauser Frevelthaten
Ward der Boden hier verflucht,
Drum wird er von uns gesucht,
Daß wir uns auf ihm beraten.
Lichtscheu in der Mitternacht,
Wenn nur Angst und Bosheit wacht,

23

5

Schleichen wir beim Mondenschein
In die finstre Kluft hinein.
Schlange, Natter hör’ ich zischen,
Irrlicht flackert froh dazwischen,
Molche, Kröten, schwarze Katzen,
Kobold, Hexen, Teufelsfratzen
Kommt und schlingt den muntern Reihn!
Eul’ und Uhu, ihr sollt schrein,
Kommt und schließt den muntern Reihn!
Eul’ und Uhu, ihr sollt schrein,
Jo, hoho! hoho! joho! hoho! hoho!

Die Höhle im Hintergrunde öffnet sich.

Der Vampyrmeister und Lord Ruthwen erscheinen aus der Tiefe des Höhlenganges auf einem Wagen in Form einer großen Fledermaus, beim Näherkommen immer stärker grün und gelb beleuchtet.

GEISTERCHOR.
Lichtscheu in der Mitternacht,
Wenn nur Angst und Bosheit wacht,
Schleichen wir beim Mondenschein
In die finstre Kluft hinein.
Ihr Hexen und Geister,
Schlingt fröhlich den Reihn,
Bald wird unser Meister
Hier bei uns sein, hier bei uns sein!
Kommt und schließt den muntern Reihn,
Eul’ und Uhu, ihr sollt schrein,
Joho, joho, joho! – Joho, joho, joho! –
Heißa, heißa, heißa, joho!

Sie stehen plötzlich still.

Zweiter Auftritt

Die Vorigen. Lord Ruthwen. Der Vampyrmeister.

GEISTERCHOR.
Dort nahet der Meister
Im falben Feuerschein!

Es beginnt starker Donner und Blitz.

24 *Der Wagen hat den Höhleneingang erreicht und kommt nach vorn bis zu dem Felsblock in der Mitte, bei welchem er mit einem starken Tamtamschlage hält.*

Der Mond verfinstert sich und wird blutrot, ein gelber Schein überflutet die Felsgegend, die blaugrüne Beleuchtung verschwindet.

Der Vampyrmeister wird vom Souffleur aus fahlgrün beleuchtet.

Ruthwen und der Vampyrmeister steigen, wenn der Wagen am Felsblock in der Mitte vorn angelangt ist, auf den Felsblock.

Gnomen schieben den leeren Wagen langsam in die Höhle zurück. Ruthwen steigt nach rechts Hinunter in den Vordergrund.

Melodram.

VAMPYRMEISTER *spricht und zeigt auf Ruthwen.*
Dieser hier, der schon verfallen
Unserm Dienste ist,
Wünscht noch eine kurze Frist
Unter den freien Menschen zu wallen.
Sein Begehren sei bewillet,
Wenn er seinen Schwur erfüllet,
Wenn bis künft'ge Mitternacht
Er drei Opfer uns gebracht:
Für drei Bräute, zart und rein,
Soll dem Vampyr ein Jahr bewilligt sein!
RUTHWEN *beschwört den Vampyrmeister, singt.*
Bei der Urkraft alles Bösen

Schwör' ich Euch, mein Wort zu lösen;
Doch fliehet diesen Aufenthalt,
Denn eins der Opfer naht sich bald!

Vampyrmeister versinkt mit dem Felsblock unter Donner, Blitz und aufsteigendem Dampf.

Das fahle Licht verlischt.

Der Mond leuchtet wieder halbhell, ebenso erscheint der blau-grüne Schimmer wieder.

Ruthwen tritt einen Schritt vor und steht bei dem Geisterchor regungslos in der Mitte.

25

Dritter Auftritt

Die Vorigen ohne den Vampyrmeister.

GEISTERCHOR *im wirren Durcheinander um Ruthwen.*
Leise, leis', beim Mondenschein
Husch, in die Erde, husch, hinein!
Husch, tausend Spalten, tausend Ritzen,
Tausend Spalten, tausend Ritzen
Dienen uns zum Aufenthalt.
Laßt uns brütend unten sitzen,
Bis die Mitternacht erschallt.
Leise, leis', beim Mondenschein
Husch, husch, in die Erde, husch, hinein!

Sie verschwinden eilig in den Versenkungen, in den Höhlen, hinter den Felsen.

Mit dem letzten Accord schlägt es auf einer fernen Turmuhr Eins und geht es ohne Pause weiter.

Lautlose Stille.

Der Mond und die Beleuchtung der Soffitten werden allmählich ganz hell.

Vierter Auftritt

Ruthwen allein.

Nr. 2. Recitativ und Arie.

Recitativ.

RUTHWEN.
   Ha! noch einen ganzen Tag!
   Überlang ist diese Zeit! –
   Zwei Opfer sind mir schon geweiht
   Und das dritte – das dritte ist leicht gefunden.

Arie.

   Ha! ha! welche Lust! Ha, welche Lust!
   Ha! welche Lust, aus schönen Augen
   An blühender Brust
   Neues Leben
   In wonnigem Beben,
   Ha, neues Leben
   In wonnigem Beben,
   Mit einem Kusse in sich zu saugen! –
   Ha! welche Lust,
   In liebendem Kosen,
   Mit lüsternem Mut
   Das süßeste Blut
   Wie Saft der Rosen,
   Von purpurnen Lippen
   Schmeichelnd zu nippen! –
   Und wenn der brennende Durst sich stillt,
   Und wenn das Blut dem Herzen entquillt,
   Und wenn sie stöhnen voll Entsetzen,

Teuflisch lachend.

   haha!
   Haha! Welch Ergötzen! Welch Ergötzen!

Welche Lust! Ha, welche Lust! –
Mit neuem Mut, mit neuem Mut
Durchglüht mich ihr Blut;
Ihr Todesbeben ist frisches Leben! –

Weich, rührend, mit der Erinnerung an verlorenes Glück.

Armes Liebchen, bleich wie Schnee,
That dir wohl im Herzen weh! –
Ach, einst fühlt' ich selbst die Schmerzen
Ihrer Angst im warmen Herzen,
Das der Himmel fühlend schuf.

Anklänge des Hexenchors.

Er erschrickt bei den Tönen.

Mahnt mich nicht in diesen Tönen,
Die den Himmel frech verhöhnen,
Ich verstehe euren Ruf!

Wilder stürmend.

Ha! Ha! welche Lust! Ha, welche Lust!
Ha, welche Lust, aus schönen Augen,
An blühender Brust neues Leben
In wonnigem Beben,
Ha, neues Leben
In wonnigem Beben
Mit einem Kusse in sich zu saugen. –
Ha, welche Lust, in liebendem Kosen,
Mit lüsternem Mut
Das süßeste Blut
Wie Saft der Rosen,
Von purpurnen Lippen
Schmeichelnd zu nippen,
Schmeichelnd, schmeichelnd zu nippen! –
Und wenn der brennende Durst sich stillt,
Wenn dann das Blut dem Herzen entquillt,
Und wenn sie stöhnen voll Entsetzen, haha!

27

Haha! Ha! Welch Ergötzen!
Ha, welche Lust! Ha, welch Ergötzen!
Ha, welche Lust! Ha, welche Lust! Haha!
Und wenn sie stöhnen voll Entsetzen,
Ha, welch Ergötzen, welche Lust!
Und wenn der brennende Durst sich stillt,
Wenn das Blut dem Herzen entquillt,
Und wenn sie stöhnen voll Entsetzen,
Haha, haha, welche Lust!
Wenn sie stöhnen voll Entsetzen,
Welch Ergötzen, welch Ergötzen, welche Lust!

Er geht zurück, sieht nach links, macht eine Bewegung der Freude;
spricht.

Horch, Geräusch, sie ist es! In der Abwesenheit ihrer Eltern wußte
ich schlau unter fremdem Namen ihre Liebe zu gewinnen; nun
kehrten sie zurück und kündigten ihr an, daß ihre Hand versprochen
sei. Ich bewog sie, ihrem Herzen zu folgen und mit mir zu fliehen.
Haha, armes Mädchen, dein Herz hat dich garstig betrogen! *Er geht*
ab nach links und kehrt mit Janthe zurück.

Fünfter Auftritt

Ruthwen, Janthe zu seiner Linken.

RUTHWEN. Seh ich dich endlich, meine süße Janthe! Ach, verzeihe,
wenn ich schon an deiner Liebe zweifelte.
JANTHE. Ach, die Angst hat mich entkräftet. *Sie sinkt in seine Arme.*
Erst nach Mitternacht konnte ich das Haus verlassen. Die Zuberei-
tungen zum festlichen Empfang des Lord Mersey, der morgen mit
dem Frühesten erwartet wird, beschäftigten Vater, Mutter und das
ganze Haus bis spät in die Nacht.
RUTHWEN. O so war es die höchste Zeit! Morgen schon wärst du
auf ewig für mich verloren gewesen. Du, die Braut eines andern!
Du, die mein Herz so zärtlich, so unsäglich liebt, du, die Frau eines
andern! Ha, der Gedanke könnte mich zum Wahnsinn führen.

JANTHE. Ach, hätte ich meinem Vater deine Liebe geschildert, ihm gesagt, wie gut du bist, wie sehr mein Herz an dir hängt; ach, auch er ist ja so gut, er hätte mir gewiß verziehen und meine Liebe zu dir gebilligt. Warum hattest du mir auch verboten, gleich bei der Zurückkunft meiner Eltern der freudigen Regung meines kindlichen Herzens zu folgen.

RUTHWEN. Kannst du mir die Besorgnis meiner Liebe zum Vorwurf machen? Er, der geschworene Feind meines Hauses, nie hätte er in den Bund unsrer Herzen gewilligt, und seine Weigerung wäre mein Todesurteil gewesen.

JANTHE. Du kennst ihn nicht; kein Haß steht so fest in seinem Herzen, daß ihn die Liebe zu seiner einzigen Tochter nicht entwurzelt hätte. Ach, und heimlich konnte ich ihn verlassen, mit Thränen wird er am Morgen sein Kind suchen und nicht finden. *Sie wendet sich weinend von ihm.*

Nr. 3. Duett.

JANTHE.

> Teurer Eltern einz'ge Freude,
> Lohn' ich sie mit herbem Leide,
> Die zu ehren süße Pflicht.
> Ach! Ich muß sie ja betrüben,
> Denn es zwingt mich, dich zu lieben,
> Was Vernunft dagegen spricht.

RUTHWEN *tritt zu Janthe und umarmt sie.*

> Fühl' an meines Herzens Schlagen,
> Mehr als ich vermag zu sagen,
> Daß ich dein auf ewig bin;
> Nimmer werd' ich dich betrüben,
> Ewig, ewig dich zu lieben,
> Schwör' ich dir mit treuem Sinn.

JANTHE *sinkt an seine Brust.*

> Ach, ich muß sie ja betrüben,
> Denn es zwingt mich, dich zu lieben,
> Was Vernunft dagegen spricht.
> So bist du, Teurer, mein auf ewig,
> Und ewig, Teurer, bin ich dein!

29

Ach, Liebe, Liebe nur macht selig,
Mein Leben weih ich dir allein!
RUTHWEN.

Nimmer werd' ich dich betrüben,
Ewig dich zu lieben,
Schwöre ich mit treuem Sinn!
Ja, Teure, dein bin ich auf ewig,
Und ewig, Teure, bist du mein!
Ach, Liebe, Liebe nur macht selig,
Mein Leben weih ich dir allein!
JANTHE.

So bist du, Teurer, mein auf ewig!
RUTHWEN.

Ja, Teure, dein bin ich auf ewig!
JANTHE.

Und ewig, Teurer, bin ich dein!
RUTHWEN.

Und ewig, Teure, bist du mein!
JANTHE.

Ach, Liebe, Liebe nur macht selig,
Mein Leben weih ich ihr allein!
So bist du, Teurer, mein auf ewig,
Auf ewig, Teurer, bin ich dein! –
RUTHWEN.

Ach, Liebe, Liebe nur macht selig,
30   Mein Leben weih ich ihr allein!
Ja, Teure, dein bin ich auf ewig,
Und ewig, Teure, bist du mein! –
JANTHE.

Als du dich zuerst mir nahtest,
Bebte ich entsetzt zurück.
RUTHWEN.

Weiß wohl, Liebchen, daß du's thatest,
Doch jetzt lächelt mir dein Blick.

Der Mond dunkelt allmählich und steigt dabei langsam höher, bis er am Ende des Duetts ganz hinter den Felsen links oben verschwunden ist.

JANTHE.

    Als du dich zuerst mir nahtest,
    Bebte ich entsetzt zurück!
    Aber wie mit Zaubersbanden
    Zog es später mich zu dir. –
    Ja, ich folg' dem innern Drange,
    Meinem Herzen folge ich.

Beiseite.

    Ewig, ewig ist er mein!
    Liebe lacht aus seinen Augen;
    O wie glücklich werd' ich sein!

RUTHWEN.

    Weiß wohl, Liebchen, daß du's thatest,
    Doch jetzt lächelt mir dein Blick!

Beiseite.

    Ha, ihr ist im Herzen bange,
    Armes Mädchen, dauerst mich.

Laut.

    Unsre Herzen, die sich fanden,
    Sind der Zauber, glaube mir. –

Beiseite.

    Ha, ihr ist im Herzen bange,
    Armes Mädchen, dauerst mich.

Beiseite.

    Doch Triumph! jetzt ist sie mein;
    Und ihr süßes Blut zu saugen,
    Welche Wollust wird das sein!

Sie umarmen sich.

Der Mond ist verschwunden.

Ruthwen und Janthe fliehen beim ersten Hornruf nach hinten in die Höhle.

Jäger mit Hörnern, Diener und Landleute mit Fackeln kommen, nach allen Seiten hin suchend, von links.

Sechster Auftritt

Jäger. Diener. Landleute.

Nr. 4. Chor mit Soli.

CHOR *außerhalb.*
Wo kann sie sein? –

Auftretend.

Wo kann sie sein?
Beim Fackelschein
Durchsucht den Wald,
Ruft Echo wach,
Daß tausendfach
Mit Hörnerschall
Allüberall
Die Stimme widerhall'.
Janthe! Janthe! – Janthe! –

Alle horchen gespannt, bis das Echo geantwortet hat.

Sir Berkley kommt mit einem alten Diener und mit vier Fackelträgern von links vorn.

Starker Mondschein beleuchtet die Felsen auf der rechten Seite.

Siebenter Auftritt

Berkley in der Mitte. Die Andern zurückstehend. Dann die Stimmen von Janthe und Ruthwen.

Recitativ.

BERKLEY.
Weh, mein Kind! In welcher Wildnis mag es irren?
Weh, mein Kind, mein Kind! weh, mein Kind!
In später Mitternacht vermiss' ich es im Hause.
Sicher haben Räuber sie entführt.

Zu seiner Umgebung.

Wer ihre Spur entdeckt, ich schwör' es euch,
Ihm wird des Vaters heißer Dank und großer Lohn.

Um sich blickend.

Doch wehe! welchen Ort betraten wir?

Er zeigt nach hinten auf die Höhle.

Hier hausen böse Geister seit Jahrhunderten,

Leise.

Die Vampyrhöhle nennt ihn das Volk.
CHOR *sieht sich entsetzt und ängstlich um, unruhig hin und her eilend.*
Weh! die Vampyrhöhle!
Schnell hinweg mit leisem Tritt!

Sich mit Teilnahme Berkley nähernd.

Armer Vater! Armer Vater!

Sie beginnen, sich nach links zurückzuziehen.

Nur schnell hinweg! Nur schnell hinweg!
Nur schnell hinweg mit leisem Tritt!
Wo mag sie sein? Hier ist sie nicht!
Ja, hier verlor sich ihre Spur!

Ach, armer Vater, armer Vater, armer Vater,
Nimmer siehst du Janthen wieder,
Hier verlor sich ihre Spur.
Drum schnell hinweg mit leisem Tritt,
Nur fort von hier, nur fort von hier!
Drum schnell hinweg mit leisem Tritt!
Nur fort von hier, nur fort von hier,
Fort mit leisem Tritt!

Berkley vermag sich kaum noch aufrecht zu erhalten.

Der alte Diener reicht ihm den Arm zur Stütze.

Alle wenden sich nach links zum Abgang.

JANTHE *in gellem Aufschrei in der Höhle.* Weh' mir!
RUTHWEN *ebenso, mit triumphierendem Hohngelächter.* Haha!
JANTHE *wie oben.* Weh' mir!
RUTHWEN *ebenso.* Haha!

Alle kehren entsetzt um und eilen zurück.

CHOR.
Welch' Geschrei!

Auf die Höhle hinten zeigend.

Dort kam es her!
JANTHE *wie oben.*
Weh!
BERKLEY.
Das war meines Kindes Stimme,
Rettet mir ihr teures Leben!

Die Jäger und die Diener mit den Fackeln eilen in die Höhle hinein.

BERKLEY. Weh' mir! Meine Kräfte schwinden! *Er wankt.*

Der alte Diener stützt ihn.

BERKLEY.
Angst und Freude macht mich beben;
Wie werd' ich sie wiederfinden!

Er ermannt sich und will zur Höhle.

Einige Diener kommen mit Lord Ruthwen, den sie fest gepackt
halten und der sich mit aller Macht dagegen sträubt, von dort
zurück.

Einige Jäger folgen.

Die sonstigen Abgegangenen bleiben in der Höhle bei Janthe zurück.

Der Vordergrund wird allmählich von blauem Licht überflutet,
dann verbreitet sich schwacher Mondschein über die obersten
Felsenspitzen.

Achter Auftritt

Ruthwen, Berkley zu seiner Linken. Die Andern zurückstehend.

BERKLEY *zieht ergrimmt beim Anblick Ruthwens seinen Degen.*
Frecher Räuber meines Kindes,
Hier nimm deiner Thaten Lohn.

Er dringt auf Ruthwen ein und verwundet ihn tödlich.

Ruthwen sinkt auf dem Felsenlager rechts vorn zusammen.

DIE ZURÜCKGEBLIEBENEN *in der Höhle.*
Sie ist tot!
BERKLEY.
Wie? Mein Kind ermordet?
Mein Kind ermordet!

Er will zur Höhle.

Jäger und Diener kommen ihm entgegen.

EIN DIENER.
Armer Vater! Weh! Entsetzen!
Brust und Nacken deiner Tochter
Sind voll Blut. Gift'ger Zähne Spuren
Verraten das Entsetzliche!
Sie ward zum Opfer dem Vampyr!

ALLE *aufs höchste erschreckt.*
　　Ein Vampyr! Ein Vampyr! Weh, ein Vampyr!

Sie stürzen nach links davon.

Berkley ebenso, geführt von seinem alten Diener.

Ruthwen bleibt allein zurück.

Der Mondschein beleuchtet nur noch die oberen Felsenspitzen im Hintergrunde.

Neunter Auftritt

Ruthwen allein.

Recitativ.

RUTHWEN *sich mühsam aufrichtend.*
　　Weh mir! Meine Kräfte weichen!
　　Müßig wird die Zeit verstreichen,
　　Kann ich nicht die Höh' erreichen,
　　Um dort sterbend mit den Augen
　　Mondesstrahlen einzusaugen,
　　Die mir neue Kräfte geben zum Leben. Schrecklich!
　　Schrecklich! Allgerechter! Alles, alles öd und leer,
　　Grause Stille ringsumher! –
　　Nur der Hölle Hohngelächter
　　Muß ich hören!

Er sinkt zurück.

Edgar Aubry kommt mit dem Hörnereinsatz von links.

Zehnter Auftritt

Ruthwen auf dem Felsenlager rechts vorn, Aubry zu seiner Linken.

AUBRY *noch nicht sichtbar, spricht.* Ist denn nirgends ein Ausweg zu finden? *Er kommt von links.* Ein freier Platz ist hier, aber nach welcher Seite wende ich mich nun?

Ruthwen macht eine Bewegung.

AUBRY. Still, dort regt sich etwas. *Er tritt näher.*

Die Musik endet.

RUTHWEN *mit der Stimme eines tödlich Verwundeten.* Wohl mir! Ich höre eines Menschen Stimme! Wer du auch sein magst –
AUBRY. Ha, ein Verwundeter liegt hier am Boden.
RUTHWEN. Wer du auch sein magst, habe Mitleid –
AUBRY. Welche Stimme? *Er steht nun Ruthwen ganz nahe.* Was seh' ich! Täuscht des Mondes matter Schimmer mein Auge nicht, so bist du Ruthwen!
RUTHWEN. Aubry, du bist's? Mein Engel sendet dich; ich ward hier von Räubern überfallen.
AUBRY. Gott! Teurer Freund, was kann ich für dich thun? Ist deine Wunde tödlich? Ist dir zu helfen?
RUTHWEN *der mit Aubrys Hilfe sich ein wenig erhoben hat.* Nein, menschliche Hilfe kommt zu spät – und doch – Aubry – wenn ich je dein Freund war – leiste mir einen wichtigen Dienst.
AUBRY. O rede, was kann ich für dich thun? Du warst einst der Retter meines Lebens, o daß ich dir vergelten, daß ich mein Leben für das deine opfern könnte.
RUTHWEN. Nein, für mein Leben ist nichts mehr zu thun, aber – Aubry – ich bitte dich –
AUBRY. Zögere nicht, es auszusprechen! Was ist's? Soll ich deinen Tod rächen? Hast du jene Räuber erkannt?
RUTHWEN. Nein, das ist es nicht, was ich von dir begehre! *Schmerzhaft zusammenzuckend und niedersinkend.* O!

35

AUBRY. So rede denn, was ist's! Was kann ich für dich thun? Welch seltsame Unruhe in deinem ganzen Wesen – lebt irgend jemand, um den du besorgt bist? Drückt irgend eine schwere Schuld dein Gewissen? – Rede, was ist's?

RUTHWEN *erhebt sich ein wenig.* Nichts von allem – ich bitte dich nur – Aubry – leite mich hinauf auf jene Felsen *Er zeigt nach dem Steinlager über der Höhle.* und lege mein Gesicht so – daß die Strahlen des Mondes – mir in die Augen dringen.

AUBRY. Seltsam – und was soll? *Von einem Gedanken erfaßt.* Ha, welche Ahnung! Man sagt, daß jene fürchterlichen Geschöpfe –

RUTHWEN. Still! Vollziehe meine Bitte!

AUBRY. So wär es wahr, was man in London mir gesagt? Entsetzlicher! Du wärst ein V –

RUTHWEN *rafft sich gewaltsam halb in die Höhe.* Halt ein, Unglückseliger, vollende nicht! In jener Stunde, da ich dein Leben rettete, gelobtest du, für mich zu thun, was ich von dir verlangte. Wohl, so erfülle jetzt, um was ich dich bat, und schwöre mir zuvor, alles, was du von mir weißt, oder noch erfahren, oder auch nur ahnen magst, zu verschweigen.

Aubry zögert.

RUTHWEN. Nur vierundzwanzig Stunden!

AUBRY. Ruthwen!

RUTHWEN *heftig.* Schwöre! Schwöre bei allem, was dir heilig ist, bei deiner Seele Seligkeit!

AUBRY. Du warst der Retter meines Lebens – wohlan, ich schwöre! *Er erhebt die Hand zum Schwur.*

RUTHWEN. Und verflucht seist du in den Abrund der Hölle, alle Strafe des Meineids laste zehnfach auf deiner Seele, wenn du den Schwur brichst! verflucht seist du, und wer dir angehört! verflucht sei, was du liebst, und was dich liebt! Schwöre mir!

AUBRY *wie oben.* Ich schwöre! *Durchschauert.* Entsetzlich!

36   *Nr. 5. Melodram. Begleitendes Musikstück.*

RUTHWEN. Ah! – So – nun will ich ruhig mein Schicksal erwarten. – Leite mich hinauf. *Er erhebt sich mühsam unter Aubrys Beihilfe.*

Der von links hereinfallende Mondschein wird heller.

Aubry leitet Ruthwen langsam, indem er die linke Hand auf seinen Nacken legt, über den Aufgang links zu dem Steinlager über der Höhle, ist ihm beim Niederlegen auf die Maschine behilflich, und zwar so, daß von links her die Strahlen des Mondes auf Ruthwens Gesicht fallen; dann entflieht er entsetzt nach links.

Grellheller Mondschein, großer und voller Beleuchtungseffekt.

Der Vordergrund bleibt dunkel.

RUTHWENS *Züge beginnen sich zu regen, er richtet sich durch die Maschine neubelebt unter dem Einfluß der Mondstrahlen auf, erhebt malerisch den Mantel gegen den Mond, so daß die Maschine ungesehen sich wieder senkt und atmet tief auf.* Ah! 37

Zweiter Aufzug.

Nr. 6. Scene und Arie.

Der Vorhang öffnet sich im sechzehnten Takte.

Ein Saal im Schlosse des Lord von Davenaut.

Mittelthür. Eine Seitenthür rechts. Ein Fenster links, durch welches eine Berglandschaft sichtbar ist. Rechts und links Tische und Sessel mit hohen Lehnen; die Tische mit schweren Decken.

Es ist Tag.

Erster Auftritt

Malwina allein.

Malwina kommt frohbewegt von rechts, geht an das Fenster links und öffnet es.

Es zeigt sich die Berglandschaft in Morgenröte, die bald in hellen Tag übergeht.

Recitativ.

MALWINA.
> Heiter lacht die goldne Frühlingssonne
> Auf die buntgeschmückte neubelebte Flur.
> Ach, alles, was ich sehe, ist der Abglanz nur
> Von meines Herzens nie geahnter Wonne!

> *Voll freudigen Gefühls, aber ohne Leidenschaft.*

> Die Flur im bunten Festgeschmeide,
> Der Baum im duft'gen Blütenkleide,
> Der Vögel Chor, der mich umklingt
> Und jubelnd auf zum Himmel dringt,
> Ach, alles jauchzt und teilt mein Glück!
> Heute wogt es in mir auf und nieder,

37

Ja, »heute« schallt's von außen wieder!
Ja, heut'! heut'! heut'! ja, heut'! ja, heut'!
Ja, heut' kehrt der Teure dir zurück! –

Hochbeglückt kniet sie nieder und betet mit gefalteten Händen.

O schwing' auch du, mein liebend Herz,
Dich dankerglühend himmelwärts
Und in dem Lust- und Freudendrang
Lall' deines Schöpfers Lobgesang.
Vater, du im Himmel droben,
Du, den alle Welten loben,
Vater, du im Himmel droben,
Hör' auch deines Kindes Stimme! –

Sie steht auf und horcht.

Still! wer naht sich dort der Pforte?

Sie tritt aus Fenster links.

Er sieht herauf, es ist sein Blick!

Sie zieht ein Tuch hervor und winkt.

Er ist's, er ist es! Edgar! Edgar! Er ist's! –
Ach, verzeihe mir die Sünde,
Wenn aus freudetrunkner Brust
Ich zum Dank nicht Worte finde
In dem Übermaß der Lust.
Nichts kann ich fühlen als dies Glück,
Es kehrt der Teure mir zurück! –

Sie wendet sich mit nach oben gerichteten Blicken nach der Mitte.

O Gott, verzeihe mir die Sünde,
Wenn aus freudetrunkner Brust
Ich zum Dank nicht Worte finde
In dem Übermaß der Lust.

38

Sie eilt ab durch die Mitte, Aubry entgegen.

Edgar Aubry und Malwina kommen zwei Takte vor dem Einsatz
in freudiger Hast durch die Mitte.

Zweiter Auftritt

Aubry, Malwina zu seiner Linken.

Nr. 7. Duett.

Beide treten in Umarmung nach vorn.

MALWINA.
> Du bist's!

AUBRY.
> Du bist's!

MALWINA.
> Du bist's!

AUBRY.
> Du bist's!

MALWINA.
> Du bist's!

AUBRY.
> Du bist's!

BEIDE.
> Du bist's, es ist kein Traum!

AUBRY.
> Du bist's!

MALWINA.
> Du bist's!

AUBRY.
> Du bist's!

MALWINA.
> Du bist's!

AUBRY.
> Du bist's!

BEIDE.
> Ach, dieses Glück, ich fass' es kaum!

AUBRY.

Bist du es wirklich?

MALWINA.

Bist du es wirklich?

AUBRY.

Seh ich dich wieder!

MALWINA.

Seh ich dich wieder!

AUBRY.

Freude des Himmels strömt auf mich nieder!

MALWINA.

Freude des Himmels strömt auf mich nieder!

BEIDE.

Bist du es wirklich, seh ich dich wieder!

MALWINA.

Freude des Himmels strömt auf mich nieder!

BEIDE.

Freude des Himmels strömt auf mich nieder!

MALWINA.

Du bist's!

AUBRY.

Du bist's!

MALWINA.

Du bist's!

AUBRY.

Du bist's!

BEIDE.

Du bist's, es ist kein Traum!

AUBRY.

Du bist's!

MALWINA.

Du bist's!

AUBRY.

Du bist's!

MALWINA.

Du bist's!

39

26

AUBRY.

  Du bist's!

BEIDE.

  Ach, dieses Glück, ich fass' es kaum!

MALWINA.

  Ach, dieses Glück, ich fass' es kaum!

  Du bist es wirklich? Ist's kein Traum?

  Ach, dieses Glück, ich fass' es kaum!

AUBRY.

  Bist du es wirklich, ist's kein Traum?

  Ach, dieses Glück, ich fass' es kaum! –

  Ach, entfernt vom Heimatlande,

  Stand ich klagend oft und sandte

  Seufzend sehnsuchtsvolle Blicke

  Nach des Hochlands Bergen hin.

MALWINA.

  Wenn im Hause nichts mehr wachte,

  Nur der Mond durchs Fenster lachte,

  Träumt' ich mich zu dem Geliebten

  Von des Hochlands Bergen hin.

BEIDE.

  Wenn in trüben Dämmerstunden

  Süße Wehmut ich empfunden,

  Träumt' ich mich zu der (dem) Geliebten

  Nach (von) des Hochlands Bergen hin.

AUBRY.

  Doch die Zeit ist nun verschwunden,

  Heiter glänzt der Liebe Glück!

BEIDE.

  Denn es führten mich die Stunden

  Zu der (dem) Teuren ja zurück!

MALWINA.

  Doch die Zeit ist nun verschwunden,

  Heiter glänzt der Liebe Glück!

AUBRY.

  Denn es führten mich die Stunden

  Zu der Teuren ja zurück!

BEIDE.

    Denn es führten mich die Stunden

    Zu der (dem) Teuren ja zurück!

MALWINA.

    Zu dir!

AUBRY.

    Zu dir!

MALWINA.

    Zu dir!

AUBRY.

    Ja, zu dir!

MALWINA.

    Zu dir! –

BEIDE.

    Du bist's, du bist's!

    Du bist's, du bist's, es ist kein Traum,

    Ach, dieses Glück, ich fass' es kaum!

MALWINA *spricht.* Und schon am frühen Morgen bist du hier?

AUBRY. Abends spät kam ich in Schellborn an, mein Pferd war so entkräftet, daß es die drei Meilen bis hierher nicht mehr machen konnte, da entschloß ich mich, die Nacht durch zu gehen, um heute der erste zu sein, der dir seinen herzlichen Glückwunsch zu deinem Geburtsfeste mit dem frühesten Morgen darbringt.

MALWINA. O Edgar, ich bin so froh! Mein Vater spricht seit einiger Zeit mit so viel Achtung von dir. Seit du das für ihn so wichtige Geschäft in London über alle Erwartung glücklich beendet, sieht er in dir nicht mehr den unbedeutenden Jüngling, für den er dich hier immer hielt. Noch vor einigen Tagen sagte er: »Schade, daß mir nicht ein solcher Sohn geworden, er würde den Glanz des alten Hauses Davenaut erhalten!«

AUBRY. Ach, Malwina, ich sehe darin nur die Sorge um den Glanz seines alten Hauses; nur daß ich mit diesem weitläufig verwandt bin, giebt mir in seinen Augen einigen Wert. Glaube mir, nie wird er mir, dem unbedeutenden Jüngling, die Hand seiner einzigen Tochter geben.

MALWINA. Nein, ich fürchte nun nichts mehr; ich glaube, er ahnt unsere Liebe und billigt sie. Bedeutungsvoll haftet oft sein Blick auf mir, und er scheint mein Geständnis zu erwarten. Als du ihm die Nachricht sandtest, daß die großen Besitzungen der Grafschaft Schellborn nun unangefochten sein Eigentum blieben, küßte der sonst so strenge Vater meine Stirn, und gerührt und voll Liebe sprach er zu mir: »Dich glücklich zu sehen, meine Tochter, sei jetzt meine einzige Sorge.«

AUBRY. Ach, nur Rang und Reichtum ist sein Glück, und ich selbst habe die Hindernisse vermehrt, die mich nun auf ewig von dir trennen.

MALWINA. O trübe nicht durch deinen Zweifel meine frohe Hoffnung. Noch heute, an meinem Geburtstage, wenn mein Vater wie gewöhnlich mir die Gewährung jeder Bitte verspricht, will ich ihm zu Füßen sinken und das Geheimnis unsrer Liebe entdecken. – Still, er kommt!

Sir Humphrey, Lord von Davenaut kommt durch die Mitte.

Dritter Auftritt

Aubry rechts. Davenaut in der Mitte. Malwina links.

MALWINA *eilt Davenaut entgegen.* Vater! Vater! Edgar ist zurück!

DAVENAUT. Sir Aubry, seid mir herzlich willkommen! *Er reicht Aubry die Hand.* Einen wichtigen Dienst habt Ihr dem Hause Davenaut geleistet. Doch was Ihr thatet, fällt auf Euch selbst zurück.

MALWINA *für sich.* Was hör' ich!

DAVENAUT *fortfahrend.* Denn auch Ihr seid ein Sprosse dieses erlauchten Hauses, und je größer Glanz und Reichtum des Lords, je mehr Ruhm und Ehre für alle Glieder des Stammes. Doch fühl' ich mich Euch sehr verpflichtet, nehmt meinen Dank und Euer Glück sei künftig Eures Vaters Sorge.

AUBRY. Sir, diese Güte –! *Er küßt seine Hand.*

MALWINA. O mein Vater!

DAVENAUT. Meine Tochter! *Er umarmt sie feierlich und führt sie etwas nach links hinüber.* Wohl habe ich oft gemurrt, daß mir kein Sohn geboren, daß der Name Davenaut, seit Jahrhunderten einer der edelsten in Schottland, mit mir aussterben soll. Komm an mein

Herz, geliebte Tochter! Der Tag, der dich mir heut' vor achtzehn Jahren gab, er wird auch heut' durch dich mir einen Sohn geben, wert meines Hauses, deiner Liebe wert.

MALWINA. Mein Vater!

DAVENAUT. Ich habe längst bemerkt, was mir dein Mund verschwiegen; besorglich schien dein scheuer Blick mich oft zu fragen, soll ich allein dastehn, wenn mich mein Vater einst verläßt? Erraten hab' ich deinen Wunsch, und deiner Bitte komme ich zuvor, ich grüße dich als Braut.

MALWINA. O mein Vater, diese Güte! *Sie wirft sich in seine Arme.*

DAVENAUT *nach einer Pause.* Ihr steht so fern, Sir Aubry? Nehmt Ihr nicht teil an unserer Freude?

AUBRY *eilt freudig zu Davenaut.* O Gott! Wär's möglich? Dürft' ich hoffen?

DAVENAUT. Glaubt Ihr, ich wolle Euer Schuldner bleiben? Zwar seit Ihr meinem Hause nur fern anverwandt, doch Ihr seid ihm verwandt, dieses genügt mir, und ich versprach, für Euer Glück zu sorgen. Edelmut ist die angeerbte Tugend jedes hochländischen Edelmanns und der Name meines Schwiegersohns, er sei Euch Bürge, daß er stets in meinem Geiste handeln wird: Es ist der Graf von Marsden!

Aubry und Malwina treten entsetzt von Davenaut zurück.

Nr. 8. Terzett.

MALWINA *außer sich.*
    Wie? Mein Vater!

AUBRY *beiseite.*
    Weh, verloren!

DAVENAUT.
    Ja, es ist der Graf von Marsden.

MALWINA.
    Wie? Mein Vater!

AUBRY *beiseite.*
    Weh, verloren!

DAVENAUT.
    Ja, ja, es ist der Graf von Marsden,

Den ich mir zum Sohn, zum Sohn erkoren.
MALWINA.
Wie, wer ist's?
AUBRY.
Wie, wer ist's?
MALWINA.
Der Graf von Marsden?
AUBRY.
Der Graf von Marsden?
AUBRY UND MALWINA.
Der Graf von Marsden?
DAVENAUT.
Ja, ja, es ist der Graf von Marsden,
Den ich mir zum Sohn erkoren!

Für sich.

Ha, die Wahl scheint sie zu freuen!
MALWINA.
Wie, mein Vater! Wie, wer ist's?
AUBRY.
Weh, verloren! Weh, verloren! Weh, verloren!
AUBRY UND MALWINA *beiseite.*
Ach, mein Glück war nur ein Traum,
Mußt' er mich so schnell verlassen?
Weh, dies Unglück ganz zu fassen,
Hat mein armes Herz nicht Raum!
DAVENAUT *für sich.*
Ha, die Wahl scheint sie zu freun!

Laut.

Ja, er ist an Rang und Adel,
Wie durch Sitten ohne Tadel,
Wert ein Davenaut zu sein! –
MALWINA *knieend.*
Sieh mich hier zu deinen Füßen;
Vater, kannst du mir verzeihn?
Vater, ach, dem Grafen Marsden

Kann ich nimmer Gattin sein!
DAVENAUT.
Wie, was hör' ich? Ha, ist's möglich!
MALWINA.
Dieses Herz –
DAVENAUT.
Wie?
MALWINA.
Hat schon gewählt.
DAVENAUT.
Ha! Ist's möglich!
MALWINA.
Ach, ich fühl's, ich hab' gefehlt,
Daß ich's dir bis jetzt verschwiegen.
DAVENAUT.
Wer ist der Verwegne? Sprich!
AUBRY *knieend.*
Sieh ihn hier im Staube liegen!
DAVENAUT.
Ha, vor Zorn kaum halt' ich mich!
Wie, Verworfner! dürft Ihrs wagen,
Dies ins Antlitz mir zu sagen?
AUBRY *flehend.*
Ach, seit meiner Kindheit Tagen
Hat dies Herz für sie geschlagen,
Eure Tochter zu beglücken
Soll mein einzig Streben sein!
DAVENAUT.
Fort, ihr fleht vergebens, fort! –
Mir ins Antlitz dies zu sagen! –
Ha, Verwegner, dürft Ihr's wagen? –
Ha, vor Zorn kaum halt' ich mich!
Wie, Verwegne, dürft ihr's wagen,
Dies ins Antlitz mir zu sagen! Fort!
MALWINA *flehend.*
Ach, seit meiner Kindheit Tagen
Hat dies Herz für ihn geschlagen,

44

32

Habe Mitleid, deine Tochter
Kann mit ihm nur glücklich sein!
DAVENAUT.
Ihr fleht vergebens!
MALWINA.
Vater!
DAVENAUT.
Fort, ihr fleht vergebens –
Denn der Graf, er hat mein Wort!
AUBRY.
Habt Mitleid!
MALWINA.
O Vater!
DAVENAUT.
Und noch niemals ward gebrochen,
Was ein Davenaut versprochen!
MALWINA.
O mein Vater – habe Mitleid!
Habe Mitleid, deine Tochter
Kann mit ihm nur glücklich sein!

Aubry und Malwina erheben sich.

MALWINA *für sich.*
Ach! Sein Zorn raubt mir für immer
Jeden leisen Hoffnungsschimmer.
Wehe mir, sein stolzer Sinn
Giebt mich der Verzweiflung hin.
AUBRY *für sich.*
Nimmer wird es mir gelingen,
Seinen Hochmut zu bezwingen –
Wehe mir! Sein stolzer Sinn
Giebt mich dem Verderben hin.
DAVENAUT *für sich.*
Nein, des Vaterherzens Schwächen
Dürfen meinen Stolz nicht brechen;
Dieses Herz erfülle ganz
Meines Hauses Ruhm und Glanz!

AUBRY *für sich.*

> Nimmer wird es mir gelingen,
> Seinen Hochmut zu bezwingen!
> Wehe mir, sein stolzer Sinn
> Giebt mich dem Verderben hin!
> Ach, sein Stolz raubt mir für immer
> Jeden leisen Hoffnungsschimmer.
> Wehe mir, sein stolzer Sinn
> Giebt mich dem Verderben hin!

> *Er steht abgewendet rechts.* 45

DAVENAUT *für sich.*

> Nein, des Vaterherzens Schwächen
> Dürfen meinen Stolz nicht brechen;
> Dieses Herz erfülle ganz
> Meines Hauses Ruhm und Glanz!

MALWINA *für sich.*

> Ach, sein Zorn raubt mir für immer
> Jeden leisen Hoffnungsschimmer.
> Wehe mir, sein stolzer Sinn
> Giebt mich der Verzweiflung hin!

> *Sie wankt zu einem Sessel links und nimmt dort Platz.*

> *Trompetenruf außerhalb.*

> *Der Diener George Dibdin kommt durch die Mitte.*

Vierter Auftritt

> *Die Vorigen. George zwischen Aubry und Davenaut.*

GEORGE *meldend.*

> Gnäd'ger Herr, der Graf von Marsden
> Ritt soeben durch das Thor,
> Und des Dorfes muntre Jugend
> Naht vereint im heitern Chor,
> Eure Tochter zu begrüßen

Heut' an ihrem Wiegenfeste.

DAVENAUT.
Führe denn die muntern Gäste
In den Saal zu meiner Tochter.

Er geht ab nach rechts.

George öffnet die Mittelthür, winkt hinaus und geht dann durch die Mitte ab.

Nr. 9. Finale.

Der Chor der Landleute tritt paarweise mit dem Beginn des Allegretto giocoso rasch durch die Mitte ein und stellt sich rechts auf.

Das Ballett folgt und nimmt vor den Landleuten Aufstellung.

Alle sind mit Blumen geschmückt und tragen Kränze und Sträuße in den Händen.

Zwölf Jäger kommen während des Chores mit Fahnen und grünen Zweigen an den Armbrüsten, George an ihrer Spitze, und nehmen vor der Mittelthür Aufstellung.

Fünfter Auftritt

Aubry rechts. Malwina auf dem Sessel links. Die Landleute und das Ballett auf der rechten Seite. George mit den zwölf Jägern vor der Mittelthür.

Chor und Ballett.

ALLE LANDLEUTE *zu Malwina gewendet.*
Blumen und Blüten im Zephirgekose,
Lieblich entfaltet dem schmeichelnden West,
Blume des Hochlands, du Davenaut-Rose,
Winden wir dir zu dem heutigen Fest.
Blumen und Blüten im Zephirgekose,
Winden wir dir zu dem heutigen Fest!

VIER PAAR LANDLEUTE *treten vor und ziehen an Malwina vorbei,*
in die alte Stellung zurück.

    Möchte die Zukunft die heitersten Lose,
    Rosen gleich dir auf den Lebenspfad streun,
    Blume des Hochlands, du Davenaut-Rose,
    Wie wir heut' Blumen und Blüten dir weihn.

Das Ballett nimmt die Kränze und Sträuße ab und legt sie auf
den Tisch links neben Malwina.

ALLE JÄGER UND LANDLEUTE.
    Möchte die Zukunft die heitersten Lose,
    Rosen gleich dir auf den Lebenspfad streun,
    Blume des Hochlands, du Davenaut-Rose,
    Wie wir heut' Blumen und Blüten dir weihn!
VIER PAAR LANDLEUTE.
    Wie nach verderblichem Wettergetose
    Lächelt die Rose mit freundlichem Blick,
    Blume des Hochlands, du Davenaut-Rose,
    Wende sich jede Gefahr dir zum Glück.
    Blumen und Blüten im Zephirgekose,
    Lieblich entfaltet dem schmeichelnden West,
    Blume des Hochlands, du Davenaut-Rose,
    Winden wir dir zu dem heutigen Fest.
    Blumen und Blüten im Zephirgekose
    Winden wir dir zu dem heutigen Fest!

Die Seitenthür rechts öffnet sich.   47

GEORGE *nach rechts weisend.*
    Seht, dort naht der Schwiegersohn
    An der Hand des alten Herrn,

Dringender zu den Landleuten.

    Stimmt an das Lied, ihr wißt ja schon,
    Das der Alte hört so gern!

Ärgerlich.

Stimmt an das Lied, ihr wißt ja schon.

Das der Alte hört so gern!

Nun stimmt an das Lied!

Nun, ihr wißt ja schon!

CHOR DER JÄGER UND LANDLEUTE *frisch und munter.*

Singet laut und jubelt froh,

Daß es tönt durchs ganze Land,

Heil, Heil dem Hause Davenaut,

Heil jedem, der mit ihm verwandt;

Was fest wie unsre Berge steht,

Was mit der Welt nur untergeht,

Was an Glanze der Krone nicht weichet,

Was der Sonne gleich pranget und leuchtet,

Singet laut und jubelt froh,

Daß es tönt durchs ganze Land,

Heil, Heil dem Hause Davenaut,

Heil jedem, der mit ihm verwandt,

Heil, Heil, Heil, Heil, Heil dem Hause Davenaut,

Heil, Heil, Heil, Heil jedem, der mit ihm verwandt. –

*Sir Humphrey, Lord von Davenaut kommt bei dem
Trompeteneinsatz mit Lord Ruthwen von rechts.*

Zwei Diener folgen und bleiben am Eingang stehen.

Das Ballett ist bis zum Eingang zurückgetreten.

Sechster Auftritt

*Aubry abgewendet rechts. Ruthwen und Davenaut in der Mitte.
Malwina am Tisch links. Die Landleute rechts zurückstehend. Die
Jäger mit George vor der Mittelthür. Das Ballett vor den Jägern.
Die beiden Diener an der Thür rechts.*

Malwina erhebt sich.

CHOR DER JÄGER UND LANDLEUTE *schwenkt die Fahnen und Hüte.*

> Heil! – Heil! – Heil! – Heil,
> Heil jedem, der mit ihm verwandt!

Sie bilden einen großen Halbkreis.

DAVENAUT.

> Hier, Malwina, ist der Mann,
> Den ich deiner wert erachte,
> Wert des Hauses Davenaut.

RUTHWEN *geht an Davenaut vorüber zu Malwina.*

> Eure Wahl zwar macht mich froh,
> Doch beglückt wär ich nur dann,
> Wenn Myladys Aug' mir freundlich lachte.

MALWINA *schüchtern, ohne ihn anzusehen.*

> Werter Sir!

Sie sieht ihn an.

> Ha! – Wehe mir!

Sie wankt und sinkt wie tödlich getroffen zusammen.

Die nahestehenden Mädchen stützen sie und beschäftigen sich um sie.

AUBRY *sich wendend und jetzt erst Ruthwen ansehend, für sich.*

> Gott, wen seh ich!

Ruthwen tritt an Davenaut vorüber, zu ihm.

DAVENAUT *für sich, zu Malwina gewendet.*

> Unbegreiflich!

AUBRY.

> Seh ich recht – du bist – Lord Ruthwen!

RUTHWEN *ruhig.*

> Nein, Sir! Ruthwen ist mein Bruder,
> Der auf Reisen schon seit Jahren
> Auf dem festen Lande ist.
> Lieb ist mir es, zu erfahren,

Was Ihr etwa von ihm wißt.

AUBRY *verwirrt.*

Was ich weiß? – Er war ja heut' –

RUTHWEN *ihn durch seinen Blick beeinflussend.*

Nun?

AUBRY *noch verwirrter.*

Wehe! – Nein, Sir – ich weiß nichts –
Täuschend ist die Ähnlichkeit
Seines – Euren Angesichts.

Für sich.

Schneidend, wie ein gift'ger Pfeil
Zuckt sein Blick mir durch die Seele,
Diese Ähnlichkeit des Bruders,
Das bedeutet nimmer Heil.

RUTHWEN *für sich.*

Schneidend, wie ein gift'ger Pfeil
Zuckt sein Blick mir durch die Seele,
Ha, den Träumer hier zu finden,
Das bedeutet nimmer Heil.

DAVENAUT *für sich.*

Schneidend, wie ein gift'ger Pfeil
Zuckt sein Blick mir durch die Seele,
Seinen Stolz so zu beleid'gen,
Das bedeutet nimmer Heil.

MALWINA *für sich.*

Schneidend, wie ein gift'ger Pfeil
Zuckt sein Blick mir durch die Seele,
Daß mein Innres vor ihm bebet,
Das bedeutet nimmer Heil.

Sie steht regungslos.

CHOR *unter sich.*

Schneidend, wie ein gift'ger Pfeil
Zuckt sein Blick ihr durch die Seele,
Daß ihr Innres vor ihm bebet,
Das bedeutet nimmer Heil.

DAVENAUT.
 Nun, Malwina, ist das Sitte?
 Weißt du deinen Bräutigam
 Freundlicher nicht zu empfangen?

 Er geht nach hinten, spricht, Befehle gebend, mit George und den
 Dienern und unterhält sich mit den Landleuten.

 Malwina erhebt sich mühsam und wendet sich zu Ruthwen.

RUTHWEN *zu Davenaut.*
 Laßt sie, werter Sir, ich bitte.
MALWINA *zu Ruthwen, beklommen.*
 Sir, ich weiß nicht, wie es kam,
 Daß ein grausend seltsam Bangen –
RUTHWEN *unterbrechend.*
 Schöne Lady, o verzeiht!
 Wie die junge Rose lacht,
 Die am Wege einsam blüht,
 Hat im innersten Gemüt
 Euer Anblick mich erfreut;
 Hoffen will ich, daß die Zeit
 Euch mein armes Angesicht
 Wenigstens erträglich macht.

 Er spricht leise mit Malwina.   50

AUBRY *der Ruthwen nicht aus den Augen gelassen hat, für sich.*
 Nein, mein Auge täuscht mich nicht,
 Wie er lacht und wie er spricht,
 Alles zeigt es deutlich mir,
 Ruthwen ist es, der Vampyr!

 Er tritt zu Ruthwen und berührt ihn leicht; laut.

 Sir, zwei Worte nur, ich bitte!

 Er geht mit einigen Schritten nach rechts.

 Ruthwen folgt ihm nach dort.

Davenaut ist inzwischen, Malwina zur Linken, nach vorn gekommen.

Malwina wendet sich unter flehenden Gebärden zu ihm und bittet ihn mit leisen Worten, das Unglück von ihr abzuwenden.

AUBRY *leise und bestimmt zu Ruthwen.*
>Entsetzlicher, ich habe dich erkannt!
>Hier auch die Narb' an deiner Hand!
>Unglücksel'ger, darfst du es wagen,
>Zu ihr die Augen aufzuschlagen,
>Grauses Scheusal der Natur!

RUTHWEN *leise und energisch.*
>Still! Gedenk' an deinen Schwur!

Davenaut hat sich inzwischen wieder, Befehle erteilend, nach hinten zu George gewendet und tritt nun zwischen Ruthwen und Malwina vor.

Malwina stützt sich auf die Lehne des Sessels zu ihrer Linken.

DAVENAUT.
>Der Priester ist bestellt, geladen sind die Gäste,
>Bereitet alles nun zum frohen Hochzeitsfeste,
>Denn ehe noch die Mitternacht entschwunden,
>Bist du auf ewig mit ihm verbunden.

MALWINA *außer sich.*
>Ach, mein Vater!

AUBRY *leise zu Ruthwen.*
>Ich beschwöre Euch!

MALWINA.
>Ach, diese Eile, gönnt mir Frist,
>Wen'ge Tage bitt' ich!

DAVENAUT.
>Schweig'!

AUBRY *laut zu Davenaut.*
>Sir, verschiebt's bis morgen nur!

DAVENAUT.
>Nein, unmöglich!

MALWINA.
> Ach, mein Vater!

Sie wankt zurück in den Sessel.

AUBRY *entschlossen auf Davenaut zutretend.*
> Nun, so wißt –

RUTHWEN *ihn mit einer kraftvollen Gebärde zurückhaltend, leise.*
> Still! gedenk' an deinen Schwur!

DAVENAUT.
> Heute noch, ich gab mein Wort,
> Morgen muß der Graf schon fort!
> Zum Gesandten, wie bekannt,
> Nach Madrid ist er ernannt,
> Seine Zeit gebeut zu eilen.

AUBRY.
> Laßt ihn nur bis morgen weilen.
> Sir, seid nicht so fest gesinnt.
> Ach, verschiebt's bis morgen nur,
> Und Ihr rettet Euer Kind!

*Davenaut macht, indem er sich nach Malwina wendet, eine
abwehrende Bewegung.*

Aubry will wie vorher wieder auf ihn zu.

Ruthwen hält ihn wiederholt zurück.

Davenaut spricht mit Malwina.

RUTHWEN.
> Still! gedenk' an deinen Schwur!

AUBRY *wankt nach rechts, für sich.*
> Ha, kaum halt' ich mich vor Wut!
> Doch mein Schwur hält mich gefangen.
> Weh mir, seine blassen Wangen
> Lechzen schon nach ihrem Blut.
> Stimmen der Hölle, die mich umklingen,
> Höhnen mir zu: die That muß gelingen.

RUTHWEN *für sich.*

    Lachen kann ich seiner Wut,
    Denn sein Schwur hält ihn gefangen.
    Mägdlein mit den Rosenwangen,
    Bald ist mein dein süßes Blut.
    Stimmen der Geister, die mich umklingen,
    Jubeln mir zu: die That muß gelingen.

MALWINA *erhebt sich, beiseite.*

    Freudig bin ich mir bewußt,
    Daß so lang dies Herz wird schlagen,
    Nimmer ich ihm werd' entsagen;
    Dies Gefühl hebt meine Brust!

DAVENAUT *für sich.*

    Freudig bin ich mir bewußt,
    Daß das Band, das ich geschlungen,
    Meinem Hause Ruhm errungen;
    Dies Gefühl hebt meine Brust!

RUTHWEN *für sich.*

    Freudig bin ich mir bewußt,
    Ehe noch die Frist verronnen,
    Ist dies Opfer mir gewonnen;
    Dies Gefühl hebt meine Brust!

MALWINA *für sich.*

    Freudig bin ich mir bewußt,
    Daß so lang dies Herz wird schlagen,
    Nimmer ich ihm werd' entsagen;
    Dies Gefühl hebt meine Brust!

AUBRY *für sich.*

    Freudig bin ich mir bewußt,
    Eh' nicht meine Kräfte schwinden,
    Wird er nicht sein Opfer finden;
    Dies Gefühl hebt meine Brust!

CHOR DER JÄGER UND LANDLEUTE *im Halbkreis.*

    Wie nach verderblichem Wettergetose
    Lächelt die Rose mit freundlichem Blick,
    Blume des Hochlands, du Davenaut-Rose,
    Wende sich jede Gefahr dir zum Glück!

DAVENAUT *zu den Jägern und Landleuten zurücktretend.*
Zum Feste lad' ich euch alle ein,
Jubeln soll alles und fröhlich sein!

Die Jäger und Landleute danken jubelnd durch Verbeugungen.

DAVENAUT *sehr wichtig vortretend.*
Denn heute noch, ich schwör' es laut,
Führt Marsden zum Altar die Braut.
Der ganzen Herrschaft mögt ihr verkünden,
Daß Marsden sich und Davenaut verbinden.
CHOR DER JÄGER UND LANDLEUTE *freudig etwas vortretend.*
Singet laut und jubelt froh,
Daß es tönt durchs ganze Land,
Heil, Heil dem Hause Davenaut,
Heil jedem, der mit ihm verwandt!

53

AUBRY, RUTHWEN, DAVENAUT, MALWINA *jedes für sich.*
Furchtbar eilend drängt die Zeit
Und vom Ziel bin ich noch weit,
Doch ich will nicht zittern.
CHOR DER JÄGER UND LANDLEUTE *freudig.*
Singet laut und jubelt froh,
Daß es tönt durchs ganze Land!
AUBRY, DAVENAUT, MALWINA *jedes für sich.*
Wer der eignen Kraft vertraut,
Und auf Gottes Hilfe baut,
Den kann nichts erschüttern!
RUTHWEN *für sich.*
Wer der eignen Kraft vertraut,
Wer der Hölle Macht geschaut,
Nichts kann ihn erschüttern!
CHOR DER JÄGER UND LANDLEUTE.
Heil dem Hause Davenaut,
Jedem, der mit ihm verwandt!
AUBRY, DAVENAUT, MALWINA *jedes für sich.*
Mögen sich die Wolken türmen,
Mag es brausen, mag es stürmen,
Nichts soll mich erschüttern!

Furchtbar eilend drängt die Zeit,
Und vom Ziel bin ich noch weit,
Doch ich will nicht zittern!
Wer der eignen Kraft vertraut,
Und auf Gottes Hilfe baut,
Den kann nichts erschüttern!

RUTHWEN *für sich.*

Mögen sich die Wolken türmen,
Mag es brausen, mag es stürmen,
Finstre Nacht die Zukunft decken,
Höhnend uns das Schicksal necken,
Wer der Hölle Macht geschaut,
Ist mit Grausen schon vertraut,
Ihn kann nichts erschüttern!

CHOR DER JÄGER UND LANDLEUTE.

Heil! Heil! – Heil! Heil dem Hause Davenaut!
Heil jedem, der mit ihm verwandt!
Auf, singet laut, singet laut, jubelt froh!
Singet laut und jubelt froh,
Daß es tönt durchs ganze Land!

AUBRY, DAVENAUT, MALWINA *jedes für sich.*

Wer auf Gottes Hilfe baut,
Den kann nichts erschüttern,
Wenn es blitzet, wenn es kracht,
Sieht er nur des Himmels Macht,
Lachet bei Gewittern.
Wer auf Gottes Hilfe baut,
Den kann nichts erschüttern!
Bei des Unglücks grauser Nähe
Schwillt sein Mut zu Riesenhöhe,
In der Elemente Toben
Hebt er seinen Blick nach oben,
Wenn es blitzet, wenn es kracht,
Sieht er nur des Himmels Macht!

RUTHWEN *für sich.*

Bei des Unheils grauser Nähe
Schwillt sein Mut zu Riesenhöhe,

Grinsend blicket er nach oben!
Wenn es blitzet, wenn es kracht,
Freut er sich des Bösen Macht!
Bei des Unglücks grauser Nähe
Schwillt sein Mut zu Riesenhöhe,
Grinsend blicket er nach oben
In der Elemente Toben!
Wenn es blitzet, wenn es kracht,
Freut er sich des Bösen Macht!

CHOR DER JÄGER UND LANDLEUTE.

Heil dem Hause Davenaut,
Heil jedem, der mit ihm verwandt!
Heil! Heil! Heil! Heil! – Heil! – Heil! –
Singet laut und jubelt froh,
Daß es tönt durchs ganze Land!
Heil, Heil dem Hause Davenaut!

AUBRY, DAVENAUT, MALWINA *jedes für sich.*

Ach, vom Ziel bin ich noch weit,
Doch ich will nicht zittern!
Wer der eignen Kraft vertraut,
Und auf Gottes Hilfe baut,
Den kann nichts erschüttern!

RUTHWEN *für sich.*

Wer der Hölle Macht geschaut,
Ist mit Grausen schon vertraut,
Nichts kann ihn erschüttern!

CHOR DER JÄGER UND LANDLEUTE *die Fahnen und Hüte schwenkend.*

Heil! Heil! – jedem, der mit ihm verwandt!
Singet laut und jubelt froh,
Daß es tönt durchs ganze Land!
Heil, Heil dem Hause Davenaut!
Heil, Heil! – Heil, Heil! –
Heil dem Hause Davenaut!

Das Ballett bildet Spalier bis zur Mittelthür.

Die Dienerschaft geht voraus.

Davenaut reicht Malwina die Hand zum Abgehen.

Ruthwen bannt Aubry durch seinen Blick, ihn dadurch von weiteren Schritten abhaltend. Malwina sinkt ohnmächtig nieder.

56   *Allgemeine Bestürzung.*

Dritter Aufzug.

Nr. 10. Introduktion.

Der Vorhang hebt sich im dreizehnten Takt.

Garten und Schloß.

Erster Auftritt

Die Landleute Robert Green und Toms Blunt sitzen unter Bauern
am Tische rechts vorn; die Landleute Richard Scrop und James
Gadshill ebenso am Tische links vorn. Bauern auf Stühlen und auf
den Bänken an allen Tischen vorn und hinten. John Perth geht
von einem Tisch zum andern, die Gäste zum Trinken nötigend.
Einige Aufwärter und Schenkmädchen bedienen. Frau Suse Blunt
bewegt sich unter den Gästen. Vier spielende Musikanten auf dem
kleinen Orchester im Hintergrunde. Junges Volk tanzt und singt
im Vordergrunde und hinten auf der Terrasse.

Fröhliches munteres Durcheinander.

CHOR DER TRINKER *Männer allein.*
    Munter, edle Zecher, munter,
    Köstlich ist der Wein!
    Seht, die Sonne geht schon unter,
    Laßt uns fleißig, fleißig sein!
    Ach, der Tag find't bald sein Ziel
    Und des Weins ist noch so viel,
    Darum frisch getrunken, frisch, frisch!
    Munter, edle Zecher, munter,
    Köstlich ist der Wein!
    Seht, die Sonne geht schon unter,
    Laßt uns fleißig, fleißig sein!
    Ach, der Tag find't bald sein Ziel,
    Und des Weins ist noch so viel!

Darum frisch getrunken, frisch!
Getrunken frisch! –

Der Tanz oben auf der Terrasse endet.

Die Tänzer gehen nach unten.

Es wird unten getanzt.

CHOR DER TÄNZER *alle.*
Hört ihr die Geigen,
Seht ihr den Reigen
Fröhlich ertönen und munter ergehn?
Eilet zum Tanze
Froh in dem Kranze
Munterer Jugend euch rascher zu drehn!
Bannet die Sorgen!
Heute und morgen
Lächelt die Freude und droht nicht Gefahr.
Nützet die Stunden,
Eh' sie entschwunden,
Daß eure Jugend nicht freudenlos war.

Der Tanz unten endet.

Seid ihr erst älter,
Steifer und kälter,
Drücket das Leben euch sorgvoll und schwer:
Dann, ach, ihr Leute,
Schickt sich's, wie heute,
Leider nicht mehr, ach nein, leider nicht mehr.
Immer behende,
Nimmer aus Ende
Drehe der Kreis sich bald hin und bald her.
Munter, nur munter,
Krauser und bunter,
H'rüber, hinüber der Kreuz und die Quer.

Die Tänzer gehen nach oben.

Der Tanz oben auf der Terrasse beginnt wieder.

Allmählich steckt der Tanz auch die Übrigen an, doch machen sie
anfangs nur die Tanzbewegungen mit.

Die Trinker werden lebhafter und stehen zum Teil auf.

CHOR DER TRINKER *Männer allein.*
Mag das junge Volk sich wiegen
Dort im raschen Tanz,
Trinken auch ist ein Vergnügen
Hier im Abendglanz!
Sind wir gleich zum Tanz zu alt,
Trinket nur, so wird sich bald
Alles um uns drehn!

Die Lustigkeit hat sich derart gesteigert, daß sich nun alles in
größter Ausgelassenheit zeigt.

Bunte Gruppierung und bewegtes Leben, allgemeine tolle
Fröhlichkeit.

59

Aufwärter bringen Windlichter, obwohl es noch nicht besonders
dunkel ist, und stellen sie auf die Tische.

Scrop und Gadshill gehen mit ihren Krügen nach rechts zu Green
und Blunt.

ALLGEMEINER CHOR.
Juch! – Juch! – Das ist 'ne Fröhlichkeit,
Alles schwimmt in Seligkeit,
Alles jauchzt und alles schwärmt,
Alles tobt und alles lärmt,
Alles bricht in Jubel aus:
So ist's recht beim Hochzeitsschmaus! – – Juch!

Allgemeiner ungeheuerer Jubel oben und unten.

Alle tanzen bunt durcheinander und gruppieren sich zum Schlusse.

Es wird dunkel.

Die Bauern und Bäuerinnen setzen sich und stehen fröhlich umher.

GADSHILL *spricht, nachdem es ruhig geworden ist.* Aber wo sind denn
Braut und Bräutigam?

BLUNT *schon etwas betrunken.* Ja, wo sind sie, Braut und Bräutigam?

SCROP. Sollen wir denn die Hochzeit feiern ohne Braut und Bräutigam?

BLUNT. Ich habe noch nie eine Hochzeit gefeiert ohne Braut und
Bräutigam.

PERTH. Der Bräutigam kam noch nicht an; er wird sich auf Davenaut
verspätet haben, meine Tochter ist ihm entgegen gegangen.

FRAU BLUNT *sieht nach links.* Da kommt sie eben her.

BLUNT *ergreift ein Glas vom Tisch.*
    Dies volle Glas will ich ihr zu Ehren
    Bis auf den letzten Tropfen leeren.

Er trinkt.

FRAU BLUNT. Na, Toms, nimm dich in acht und trink' mir nicht
wieder zu viel!

BLUNT. Suse, du hast recht, zu viel hab' ich schon oft getrunken,
aber noch nie genug, noch nie genug!

Perth geht Emmy entgegen.

Emmy Perth kommt von links hinten vor der Terrasse.

Zweiter Auftritt

Die Vorigen. Emmy tritt ihrem Vater zur Linken.

ALLE. Es lebe die Braut! Emmy Perth lebe hoch!

PERTH. Was ist das, du siehst ja so traurig aus, Emmy? Eine Braut
muß fröhlich sein. *Er spricht leise mit ihr weiter.*

BLUNT. Ja, eine Braut muß ein fröhliches Gesicht haben! Weißt du
noch, Suse, wie du Braut warst –

FRAU BLUNT. I, so schweig doch still!

BLUNT. Damals hatt'st du ein ganz andres Gesicht, ein ganz andres
Gesicht!

FRAU BLUNT. Mußt du denn immer reden!

BLUNT. Ja, wenn ich nicht reden soll, da muß ich trinken *Er ergreift ein Glas und trinkt.*

Frau Blunt macht eine abwehrende Bewegung.

Alle setzen sich, teils erzählen sie sich leise, teils verhalten sie sich ruhig.

Ein Teil der Bauern, Bäuerinnen, Tänzer und Tänzerinnen verliert sich unauffällig nach rechts und links.

Aufwärter räumen während des Liedes die Tische und Stühle hinten lautlos und wenig bemerkt weg.

PERTH. Nun, Emmy, was fehlt dir denn? *Er tritt mit ihr vor.*

61

Nr. 11. Lied.

EMMY.
Dort an jenem Felsenhang
Lauschte ich den Weg entlang,
Georgen zu erspähen;
In der Abendsonne Strahl
Glüht und zittert Berg und Thal,
Er läßt sich nicht sehen!
Wenn beim frohen Hochzeitsfest
Mich der Bräut'gam warten läßt:
Soll mich das nicht traurig machen?

Dort im Strauch mit süßem Schall
Lockt und girrt die Nachtigall,
Und er ist noch ferne;
Durch der Bäume grünes Reis
Lauscht der Vollmond; still und leis'
Flimmern schon die Sterne!
Alles zeigt, der Abend kam,
Und noch fehlt der Bräutigam:
Soll mich das nicht traurig machen?

PERTH *spricht.* Ei nun, er wird schon kommen! Du weißt, daß heute des Fräuleins Geburtstag war, und da konnte der arme Junge gewiß nicht so zeitig fortkommen.

EMMY. So ein vornehmes Fräulein möchte ich sein, Vater; da ließ mich George gewiß nicht warten. *Sie geht mit Perth zurück und beobachtet nach links, ob George kommt.*

BLUNT *der mit Gadshill, Green und Scrop am Tisch rechts sitzt.* Er wird schon kommen, sag' ich euch. Eine Braut ist wie eine volle Flasche Wein, die vergißt man nicht.

GREEN *der leise mit Scrop gesprochen hat.* Ja, ja, wie ich Euch sage, Nachbar Scrop, in der vergangenen Nacht! *Er steht auf.*

SCROP *ebenso, auffällig laut.* Das wäre ja entsetzlich!

Alle Sitzenden stehen neugierig auf.

Aufwärter räumen unauffällig auch den Tisch und die Stühle links weg; nur der Tisch und die Stühle rechts bleiben stehen.

PERTH *kommt vor.* Nun, was giebt's denn hier?

SCROP. Green erzählt eben, die Tochter des reichen Berkley, drei Stunden hinter Davenaut, sei vergangene Nacht durch einen Vampyr umgebracht worden.

Green tritt in die Mitte.

ALLE *versammeln sich um Green.* Wie? Was sagt Ihr? Ein Vampyr?

GREEN. Nicht anders; ich war heute Morgen dort. Die Tochter war Braut, heute sollte die Hochzeit sein. In der Nacht, Glock' zwölf Uhr, vermißt der Vater die Tochter, alles wird gleich aufgeboten, sie zu suchen! Endlich findet man sie tot in der Vampyrhöhle.

EMMY. Das arme Mädchen!

FRAU BLUNT. Hat man denn den Vampyr auch gefunden?

GREEN. Freilich, der Vater hat ihn totgestochen.

FRAU BLUNT. Gott sei Dank!

GREEN. Ja, was hilft das, so ein Geschöpf ist ja nicht umzubringen! Sticht man's heute tot, so steht es morgen wieder lebendig auf!

SCROP *zu Green.* Habt Ihr schon einmal einen Vampyr gesehen?

GREEN *tritt an Emmy vorüber zwischen Perth und Scrop.* Nein, Gott sei Dank! Aber ich habe mir sagen lassen, sie sollen totenblaß aussehen, und ihre Opfer am liebsten im Mondenschein aufsuchen, weil dieser eine heilbringende Kraft für sie hat und sie unter seinem besonderen Schutze stehen.

EMMY. Meine selige Großmutter hat mir oft ein altes Märchen von einem Vampyr erzählt.

Die Mädchen umgeben Emmy im Halbkreis.

Die Männer stellen sich hinter ihnen auf.

DIE MÄDCHEN. Ach, laßt hören, laßt hören. 63

EMMY. Aber es ist schon ganz dunkel!

SCROP. Desto besser! Im Dunkeln hören sich solche Geschichten am besten an.

Nr. 12. Romanze.

EMMY.

    Sieh, Mutter, dort den bleichen Mann
    Mit seelenlosem Blick.
    Kind, sieh den bleichen Mann nicht an,
    Sonst ist es bald um dich gethan,
    Weich' schnell von ihm zurück!
    Schon manches Mägdlein, jung und schön,
    That ihm zu tief ins Auge sehn,
    Mußt' es mit bittern Qualen
    Und seinem Blut bezahlen!
    Denn still und heimlich sag' ich's dir:
    Der bleiche Mann ist ein Vampyr!
    Bewahr' uns Gott auf Erden,
    Ihm jemals gleich zu werden!

CHOR.

    Denn still und heimlich sag' ich's dir:
    Der bleiche Mann ist ein Vampyr!
    Bewahr' uns Gott auf Erden,
    Ihm jemals gleich zu werden!

EMMY.

    Was, Mutter, that der bleiche Mann?
    Mir graust vor seinem Blick!

Kind, sieh den bleichen Mann nicht an,
Viel Böses hat er schon gethan,
Drum traf ihn solch' Geschick!
Und ob er längst gestorben nun,
Kann er im Grabe doch nicht ruhn,
Er geht herum als bleiche,
Lebend'ge grause Leiche!
Denn still und heimlich sag' ich's dir:
Der bleiche Mann ist ein Vampyr!
Bewahr' uns Gott auf Erden,
Ihm jemals gleich zu werden!
CHOR.
Denn still und heimlich sag' ich's dir:
Der bleiche Mann ist ein Vampyr!
Bewahr' uns Gott auf Erden,
Ihm jemals gleich zu werden!

Mondschein verbreitet sich allmählich.

EMMY.
Wie dauert mich der bleiche Mann,
Wie traurig ist sein Blick!
Kind, sieh den bleichen Mann nicht an,
Sonst ist es bald um dich gethan,
Weich' schnell von ihm zurück!
Er geht herum von Haus zu Haus,
Sucht sich die schönsten Bräute aus,
Zeigt eine sich gewogen,
So wird sie ausgesogen!
Denn still und heimlich sag' ich's dir:
Der bleiche Mann ist ein Vampyr!
Bewahr' uns Gott auf Erden,
Ihm jemals gleich zu werden!
CHOR.
Denn still und heimlich sag' ich's dir:
Der bleiche Mann ist ein Vampyr!
Bewahr' uns Gott auf Erden,
Ihm jemals gleich zu werden!

EMMY.

Es lacht mich an der bleiche Mann
Und heitrer wird sein Blick.
Kind, siehst du ihn noch immer an?
Weh mir, es ist um dich gethan,
Weich' schnell von ihm zurück!
Sein erster Blick, mit Todesschmerz
Durchzuckte er dein frommes Herz,
Ach, laß dadurch dich warnen,
Sonst wird er dich umgarnen!
Denn still und heimlich sag' ich's dir:
Der bleiche Mann ist ein Vampyr!
Bewahr' uns Gott auf Erden,
Ihm jemals gleich zu werden!   65

CHOR.

Denn still und heimlich sag' ich's dir:
Der bleiche Mann ist ein Vampyr!
Bewahr' uns Gott auf Erden,
Ihm jemals gleich zu werden!

EMMY.

Das Mägdlein folgt dem bleichen Mann,
Es lockte sie sein Blick;
Hört nicht der Mutter Warnen an,
Und bald war es um sie gethan,
Nie kehrte sie zurück!
Ein Opfer ward sie seiner Lust,
Mit blut'ger Spur an Hals und Brust
Fand man den Leichnam wieder;
Sie fuhr zur Hölle nieder!
Nun geht sie selber, glaubt es mir,
Umher als grausiger Vampyr!
Bewahr' uns Gott auf Erden,
Ihr jemals gleich zu werden!

CHOR.

Nun geht sie selber, glaubt es mir,
Umher als grausiger Vampyr!

Bewahr' uns Gott auf Erden,
Ihr jemals gleich zu werden!

*Lord Ruthwen kommt in einen großen Mantel gehüllt, langsam
und unbemerkt während der letzten Takte von links hinten vor
der Terrasse und tritt unter die Leute.*

Dritter Auftritt

Die Vorigen. Ruthwen zwischen Emmy und Perth.

RUTHWEN *spricht.* Guten Abend, ihr schönen Kinder!
DIE MÄDCHEN *fahren mit einem Ausruf des Schreckens auseinander.*
Ha!
EMMY *im höchsten Entsetzen, gleichzeitig.* Allmächtiger!
RUTHWEN. Ist John Perth nicht hier?
PERTH. Hier bin ich. Was ist zu Euren Diensten?
RUTHWEN. Du kennst mich wohl nicht mehr?
PERTH. Ach, seid Ihr es, Mylord? Freilich kenne ich Euch. Ihr seid
der Bruder unsers verstorbenen Herrn, und jetzt Graf von Marsden.
Seid herzlich willkommen auf Euerem Grund und Boden; wir
glaubten Euch noch auf der Reise.
RUTHWEN. Auch kann ich nur wenige Stunden hier verweilen, ein
Geschäft führte mich nach Davenaut. Ich hörte dort von deiner
Tochter Hochzeit, und komme, die Feier durch meine Gegenwart
zu verschönern. Die treuen Dienste, welche du meinem Hause ge-
leistet, erfordern meine Dankbarkeit. Ich will, daß die Hochzeit auf
meine Kosten gefeiert werde, und so glänzend als möglich. Betrachte
den herrschaftlichen Keller heute als den deinigen.
BLUNT *ausrufend.* Das ist ein edler Herr! Bringt ihm ein Vivat! Hoch
lebe unser gnädiger Herr! Hoch!
ALLE. Hoch lebe unser gnädiger Herr! Hoch!
RUTHWEN *zu Perth.* Laß sogleich den großen Saal erleuchten, dort
will ich selbst Zeuge der heiligen Handlung sein, und der Braut den
Myrtenkranz ins Haar flechten.

*Alle außer Emmy, Ruthwen und Perth ziehen sich beobachtend
und leise miteinander sprechend, nach hinten zurück.*

EMMY *ohne Pause fortfahrend.* Also meinetwegen seid Ihr gekommen, gnädiger Herr?

RUTHWEN. Ist das deine Tochter, John?

PERTH. Ja, gnäd'ger Herr, meine Tochter Emmy.

RUTHWEN. Freilich bin ich deinetwegen gekommen, schöne Emmy.

EMMY. Ach, so verzeiht, gnäd'ger Herr, daß ich vorhin bei Eurem Anblick so erschrocken bin, aber wir hatten gerade ein schauerliches Märchen erzählt, als Ihr so unvermutet zu uns kamt.

RUTHWEN *zieht einen Ring vom Finger.* Hier, schöne Braut, nimm diesen Ring zur Vergütung des Schrecks, den ich dir verursacht habe. *Er steckt ihr den Ring an.*

EMMY. Wie, gnäd'ger Herr, den kostbaren Ring, den schenkt Ihr mir?

RUTHWEN. Als Hochzeitsgast muß ich dir doch wohl ein Geschenk machen! Ich werde überdies für eine Ausstattung für dich Sorge tragen, und wenn du willst, deinen künftigen Mann auf meinen Gütern anstellen.

EMMY. Gnäd'ger Herr, soviel Güte –

RUTHWEN. Geht, liebe Leute, bringt den Saal in Ordnung.

Das Landvolk wendet sich zum Abgang nach rechts. 67

RUTHWEN. Hier, John, nimm meinen Mantel mit.

Perth nimmt den Mantel.

RUTHWEN. Ich werde mich indes mit der Braut über die künftige Versorgung beraten. Wenn alles in Ordnung ist, laß mich rufen, daß ich den Tanz mit der schönen Emmy eröffne.

Alle gehen bis auf Emmy und Lord Ruthwen ab nach rechts.

Vierter Auftritt

Emmy, Ruthwen zu ihrer Linken.

Es tritt heller Mondschein ein.

EMMY. Ach, gnäd'ger Herr, wodurch habe ich soviel Güte verdient?

RUTHWEN. Durch deine Schönheit, liebe Emmy, die mich bei dem ersten Anblick so sehr für dich einnahm, durch deine Liebenswürdigkeit, die mich immer mehr und mehr zu dir hinzieht.

Die Fenster des Schlosses im Hintergrunde erleuchten sich.

Nr. 13. Terzett.

EMMY.

 Ihr wollt mich nur beschämen,
 So eitel bin ich nicht,
 Um für Ernst es anzunehmen,
 Was Euer Mund nur spricht.

RUTHWEN.

 Nein, liebe süße Kleine,
 Glaub' mir, ich scherze nicht;
 Deine Schönheit ist's alleine,
 Die so mein Herz besticht.

Der Diener George Dibdin kommt unbemerkt, den Hut auf dem Kopf, Pistolen im Gürtel, von links hinten vor der Terrasse.

Fünfter Auftritt

Die Vorigen. George ungesehen zurückstehend.

GEORGE *für sich.*

 Potz Blitz! was muß ich schauen!
 Die sind ja sehr vertraut!
 Darf ich meinen Augen trauen,
 Ist denn das nicht meine Braut?

RUTHWEN.

 Welche Wonne sondergleichen,
 Sanft die Wange dir zu streichen,
 Dir die weiche Hand zu drücken,
 Liebend dir ins Aug' zu blicken,
 So den Arm um dich zu schlingen,
 Dich zu drücken an die Brust!

Ach, welch ein Opfer wollt' ich bringen,
Gönntest du mir diese Lust!

Er umfaßt sie.

EMMY *ihn sanft abwehrend.*
Ihr wollt mich nur beschämen,
So eitel bin ich nicht,
Um für Ernst es anzunehmen,
Was Euer Mund nur spricht.
GEORGE *für sich.*
Ei, ei, was muß ich sehen,
Jetzt drückt er ihr die Hand,
Und sie läßt es auch geschehen,
Das ist ja ganz scharmant.
RUTHWEN.
Ich sollte dich fast schelten,
Ich that so viel für dich,
Und du willst mir nicht vergelten,
Ist das nicht grausam, sprich?
GEORGE *für sich.*
Jetzt drückt er ihr die Hand,
Und sie läßt es auch geschehen!
Das ist ja ganz scharmant!
EMMY.
Ihr sucht mein Glück zu gründen,
Das sehe ich wohl ein!
Ach, ich kann nicht Worte finden,
Euch meinen Dank zu weihn!
Ach, ich kann nicht Worte finden,
Euch meinen Dank zu weihn!
RUTHWEN.
Du kannst für mein Bestreben
Den schönsten Lohn mir geben!
Ein einz'ger Kuß von dir
Gilt mehr als Kronen mir!
GEORGE *erstaunt und empört.*
Ein Kuß!

EMMY *verschämt.*

> Wie?

GEORGE *wie oben.*

> Was muß ich hören?

EMMY *wie oben.*

> Ein Kuß?

GEORGE *wie oben.*

> Er will sie küssen?

EMMY.

> Wie?

GEORGE.

> Was?

EMMY.

> Ein Kuß? Ein Kuß? Ein Kuß? Ein Kuß?

Ruthwen will sie küssen.

EMMY *entwindet sich ihm.*

> Ihr wollt mich nur beschämen,
> So eitel bin ich nicht,
> Um für Ernst es anzunehmen,
> Was Euer Mund nur spricht.

RUTHWEN.

> Nein, liebe süße Kleine,
> Glaub' mir, ich scherze nicht,
> Deine Schönheit ist's alleine,
> Die so mein Herz besticht. –

Er küßt Emmy.

Emmy entwindet sich ihm und läuft an ihm vorüber nach links.

RUTHWEN *für sich.*

> So, jetzt ist sie mir verfallen,
> Und das Ziel ist nicht mehr weit,

Er lacht.

Haha!
EMMY *für sich.*

Solchem Herrn zu gefallen,
Ist doch keine Kleinigkeit!
Soll mich das nicht eitel machen?

RUTHWEN *für sich.*

Jetzt ist sie mir verfallen!
Ha, die Hölle hör' ich lachen!
Ha, jetzt ist sie mir verfallen,
Und das Ziel ist nicht mehr weit!
Ha, die Hölle hör' ich lachen!

GEORGE *für sich.*

Wie, sie läßt sich das gefallen?
Ha, bei Gott, das geht zu weit!
Soll mich das nicht rasend machen?
Ha, bei Gott, das geht zu weit!
Ha, das geht zu weit!

Ruthwen und Emmy sprechen zusammen.

GEORGE *für sich.*

Soll mich das nicht rasend machen?

Er tritt im vierten Takte vor, Emmy zur Linken.

Guten Abend –
RUTHWEN *beiseite.*

Ei, sieh da, der Bräutigam!

GEORGE.

Meine Beste!

EMMY *verlegen.*

Kommst du endlich auch zum Feste?

GEORGE.

Ja, Zeit war es, daß ich kam.

EMMY *blickt fortwährend nach Ruthwen.*

Unser neuer Herr will dich
Hier zum Gutsverwalter machen.

GEORGE.

Ja, das merk' ich, schöne Sachen,

Und zum Eigentümer sich.
RUTHWEN *beiseite.*
    Eifersucht? Das ist zum Lachen!
    Guter Tropf, du dauerst mich!
EMMY *beiseite.*
    Eifersucht am ersten Tage! –
    Nun fürwahr, nun fürwahr,
    Das kommt zu früh!
GEORGE *beiseite.*
    Ja, sie hat recht, die alte Sage:
    Weibern trau' und Katzen nie!
    Ja, ja, sie hat recht, die alte Sage:
    Weibern trau' und Katzen nie!
EMMY *beiseite.*
    Eifersucht am ersten Tage,
    Nun fürwahr, das kommt zu früh!
GEORGE *beiseite.*
    Ja, sie hat recht, die alte Sage:
    Weibern trau' und Katzen nie!
RUTHWEN *zu Emmy.*
    Nun, ich gehe, Liebesleute
    Sind am liebsten doch allein!
    Nur vergiß nicht, daß du heute
    Meine Tänzerin willst sein. –

George geht grollend nach hinten.

Emmy folgt dem Eifersüchtigen und sucht ihn mit leisen Worten
zu beruhigen.

RUTHWEN *beiseite, mit einigen Schritten nach rechts.*
    Ha, wie mein Herz vor Freude bebet,
    Nun ist das zweite Opfer mein!
    Die ihr mich unsichtbar umschwebet,
    Jubelt! jubelt! Bald wird sie euer sein!

Er blickt Emmy finster an, sich ihr mit einigen
Schritten nähernd.

71

George tritt Ruthwen zur Rechten vor.

EMMY *ebenso Ruthwen zur Linken, für sich.*
Mein Herz schwankt zwischen Furcht und Liebe,
Und mir wird wohl und weh zu Sinn;
Mit süß geheimnisvollem Triebe
Zieht es mich zu dem Fremdling hin!

GEORGE *für sich.*
Wie bei böser Geister Hausen,
So unheimlich wird mir zu Mut!
Mich überläuft's mit kaltem Grausen,
Weh mir! das endet nimmer gut!

RUTHWEN *für sich.*
Ha! wie mein Herz vor Freude bebet!
Nun ist das dritte Opfer mein!
Die ihr mich unsichtbar umschwebet,
Jubelt, bald wird sie euer sein!

Er geht ab nach rechts vor der Terrasse.

George geht ihm drohend einige Schritte nach.

Emmy wendet sich nachdenklich nach links.

Sechster Auftritt

George, Emmy zu seiner Linken.

GEORGE *für sich.* Er geht! Nun ist mir wieder wohl!

EMMY *verlegen, das Gespräch zu eröffnen.* Weißt du wohl, George,
daß es gar nicht schön von dir ist, daß du heute so spät kommst.

GEORGE. So ist's recht, mach' du mir noch Vorwürfe! Aber das ist
schön, daß du hier im Mondenschein mit fremden jungen gnäd'gen
Herrn scharmierst, dir die Hand drücken, dich um den Leib fassen
und am Ende gar küssen läßt? Nicht wahr, das ist schön?

EMMY. Ach, das war ja unser neuer gnäd'ger Herr! Und er will uns
versorgen! *Sie zeigt den Ring an ihrem Finger.* Sieh nur den kostbaren Ring, den er mir schenkte. Er ist so gut, so liebreich, so herab-
lassend, so –

GEORGE. Nun? Nur heraus damit: so schön, so liebenswürdig, daß ich nur ein Klotz gegen ihn bin.

EMMY. Wie du nun wieder bist. Ich bin ja bloß deinetwegen freundlich gegen ihn, damit er dich recht vorteilhaft anstellt.

GEORGE *ironisch*. So? *Abweisend*. Meinetwegen! Glaubst du, ich habe nicht bemerkt, wie du ihn immer angesehen hast? So freundlich, so zärtlich, so wie du niemand ansehen solltest als mich. Selbst wie ich vortrat, konntest du keinen Blick von ihm verwenden. *Er zeigt auf seine Pistolen*. Siehst du die Pistolen hier? Ich habe sie mitgenommen, weil man mir sagte, der Weg sei nicht sicher. Mit denen schieß ich mich tot, wenn du ihn noch einmal so ansiehst.

EMMY. Sei doch nicht so wild, lieber George, er geht ja noch heute wieder fort – *Mit einem unwillkürlichen Seufzer*. und wer weiß, ob ich ihn jemals wiedersehe. *Sie geht an ihm vorüber nach rechts*.

GEORGE. Ja, er muß noch heute zurück nach Davenaut, er soll unser Fräulein heiraten. Aber die ist nicht so wie du. Sie liebt den jungen Herrn Aubry und war nicht so freundlich gegen den Grafen. Mit Thränen hat sie ihren Vater gebeten, den gnäd'gen Herrn wieder wegreisen zu lassen.

EMMY. Also dein Fräulein wird er heiraten?

GEORGE. Ja. Dir ist's wohl nicht recht? Du könntest vielleicht selber noch eine gnäd'ge Frau werden, nicht wahr? Das ist doch dein höchster Wunsch! O ich Dummkopf! Um dir eine Freude zu machen, weil ich wußte, daß du es gern hast, wenn es recht vornehm bei unsrer Hochzeit hergeht, bitte ich den gnäd'gen Herrn, hierher zu kommen. Deine Freundlichkeit gegen ihn muß er aber schon geahnt haben; kaum sage ich ihm, daß es hier eine Hochzeit giebt, so springt er auf, läßt ein Pferd satteln, nimmt kaum Abschied von unserm alten Herrn und sprengt im Galopp hierher. Ich Esel keuche hinterdrein, um die Freude zu haben, zuzusehen, wie er meine Braut küßt.

73   *Edgar Aubry kommt von links hinten vor der Terrasse.*

Siebenter Auftritt

Emmy rechts. George in der Mitte. Aubry links.

AUBRY. Guten Abend, George. Ist der Graf hier? Meinen Glückwunsch, schöne Emmy.

GEORGE. Ja, der gnäd'ge Herr ist im Tanzsaal.

AUBRY. Bitte ihn sogleich, zu mir zu kommen.

GEORGE. Ich gehe. *Leise zu Emmy.* Willst du nicht hierbleiben? Es
ist ja auch ein junger gnäd'ger Herr.

EMMY *leise.* Pfui, George, du wirst mich böse machen. Ich gehe mit
dir in den Tanzsaal.

GEORGE *leise.* Freilich, da ist der andere, und der ist noch freundlicher.

Beide gehen schmollend ab nach rechts vor der Terrasse.

Achter Auftritt

Aubry allein.

AUBRY. Himmel, verleihe meinen Worten Kraft, sein Herz zu rühren.
Retten muß ich sie, und sei der Preis mein Leben! Können meine
Bitten ihn nicht bewegen, von seinem Vorhaben abzustehen, mein
Entschluß ist gefaßt, so eile ich zum alten Lord zurück, breche den
fürchterlichen Schwur, und entdecke ihm das schreckliche Geheim-
nis, möge daraus entstehen, was da wolle.

Lord Ruthwen kommt von rechts vor der Terrasse.

Neunter Auftritt

Ruthwen, Aubry zu seiner Linken.

RUTHWEN. Wie, Sir Aubry, Ihr hier?

AUBRY *sehr energisch.* Ja, überall hin werde ich dir folgen, alle deine
Schritte bewachen, überall dich bitten und beschwören, den entsetz-

lichen Gedanken aufzugeben: überall dir drohend entgegentreten, dir mit Gewalt dein Opfer entreißen. Ruthwen, ich liebe Malwina, ich werde von ihr wieder geliebt! Wenn noch ein Gefühl von Menschlichkeit in deinem Herzen zurückblieb, so laß ab von ihr, morde nicht das Glück zweier Menschen. *Er kniet.* Hier auf meinen Knieen beschwöre ich dich, weiche von ihr zurück, ich will zu dem Ewigen um Erbarmen für dich flehen – und das Bewußtsein dieser einzigen guten That wird wie ein rettender Engel für dich sprechen in der Stunde des ewigen Gerichts! *Er steht auf.*

RUTHWEN. Verschwende nicht unnötige Worte, thörichter Knabe! Mich treibt mein fürchterliches Schicksal. Zürne, tobe, rase gegen den ewigen Kreislauf der Natur! Kannst du ihn stillstehen heißen? Kannst du das Dasein der ganzen Schöpfung in ein leeres Nichts zurückwerfen? Thu's! Ha, auf meinen Knieen will ich dir danken! Ohnmächtiger, geh! Laß ab von mir.

Nr. 14. Große Scene.

AUBRY.

> Wohl, du zwingst mich zum Verbrechen,
> Meinen Schwur geh ich zu brechen,
> Gott im Himmel wird verzeihn!
> Kann ich es dadurch erreichen,
> Daß du von ihr mußt entweichen,
> Ist die Sünde ja nur klein.

RUTHWEN.

> Strauchle auf der Bahn des Rechten,
> Du verfällst den finstern Mächten,
> Scheint der Fehltritt auch nicht groß;
> Bist du einmal erst gewonnen,
> Enger stets wirst du umsponnen,
> Und die Hölle läßt nicht los.

AUBRY.

> Gern will ich für mein Verschulden
> Martervolle Strafe dulden;
> Was kann Ärgeres geschehn!
> Giebt es größeres Verderben,
> Als die Heißgeliebte sterben

Und so gräßlich sterben sehn!
RUTHWEN.
Meinst du? Ha! versuch' es nur!
Und mit Schaudern wirst du sehen,
Was noch Ärgres kann geschehen.
Glaubst du, daß mich die Natur
Zu dem schrecklichen Beruf
Schon bei der Geburt erschuf?
Geh denn hin, verrate mich!
Schuld des Meineids lad' auf dich,
Um mit süßem Triumphieren
Die Geliebte heimzuführen;
Werde Gatte, Vater dann,
Und ein hochbeglückter Mann!
Doch es naht die Zeit heran,
Wo bei tausend Schlangenbissen
Dir die Seele wird entrissen;
Vor den Richter bang und schwer
Tritt sie, und der Strenge spricht:
»Reue sühnet Meineid nicht;
Kehre dann zurück mit Graus
In das kaum verlassne Haus.«
Nun gehst du, ein grausiger Leichnam, einher,
Bestimmt, dich vom Blute Derer zu nähren,
Die dich am meisten lieben und ehren;
Im Innern trägst du verzehrende Glut.
Bei deinem Leben hatt'st du geschworen:
Was durch dich lebt, ist durch dich verloren;
Der Gattin, der Söhne, der Töchter Blut,
Es stillet zuerst deine scheußliche Wut,
Und vor ihrem Ende erkennen sie dich
Und fluchen dir – und verdammen sich!
Doch was dir auf Erden das Teuerste war,
Ein liebliches Mädchen mit lockigem Haar
Schmiegt bittend die kleinen Händchen um dich.
Die Thränen ins helle Äuglein ihr treten.
Sie lallet: Vater, verschone mich,

Ich will auf Erden für dich beten!
Du siehst ihr ins unschuldig fromme Gesicht,
Du möchtest gern schonen und kannst es doch nicht!

Wild.

Es reizt dich der Teufel, es treibt dich die Wut.
Du mußt es saugen, das teure Blut!
So lebst du, bis du zur Hölle fährst,
Der du auf ewig nun angehörst;
Selbst dort noch weichet vor deinem Blick
Die Schar der Verworfnen mit Schrecken zurück:
Denn gegen dich sind sie engelrein,
Und der Verdammte bist du allein! –

Er streckt seine linke Hand gegen Aubry aus.

Aubry starrt ihn entsetzt an und tritt einen Schritt zurück.

RUTHWEN.
Du starrst? Du stehst entsetzt vor mir?

Lachend.

Haha! ich zeichnete nach der Natur,
Meine eigne Geschichte erzählte ich dir.
Jetzt geh hin! – Geh hin! – Geh hin!
Und brich deinen Schwur!

Er eilt ab nach rechts hinten vor der Terrasse.

Zehnter Auftritt

Aubry allein.

AUBRY *starrt Ruthwen entsetzt nach.*
Ha! wie das grausenvolle Bild
Mich mit Entsetzen ganz erfüllt;
Kein Trost, kein Ausweg zeigt sich hier,
Sie ist verloren! Wehe mir!

Er sinkt auf einen Stuhl am Tisch rechts.

Nr. 15. Arie.

AUBRY.

Wie ein schöner Frühlingsmorgen
Lag das Leben sonst vor mir,
All mein Wünschen, all mein Sorgen
War ein heitrer Blick von ihr.

Er steht auf.

Flur und Wald schien nur zu leben,
Um ihr Bild zurückzugeben,
Und mit süßem Zauberklingen
Nur von ihr, von ihr zu singen.
Denn ihr Antlitz wunderhold
Lacht aus jeder Blume mir,
Aus der Abendröte Gold,
Aus der Sterne Glanzrevier.
Ach, ihr Antlitz wunderhold,
Lacht aus jeder Blume mir!
Zephir schien mit ihr zu kosen,
Nur von ihr sang Quell und Baum,
Und entschlummert unter Rosen
Träumte noch von ihr der Traum. –
Doch jetzt umgiebt mich dunkle Nacht,
Ich verzweifl' an Gottes Macht;
Unheilbringende Dämonen
Scheinen die Schöpfung nur zu bewohnen.
Grinsend hör' ich sie triumphieren,
Zum Verderben muß es führen,
Was ich auch beginnen wollte. –
Und von allem, was mir droht,
Ist das minder Schreckensvolle:
Wahnsinn! Wahnsinn, oder Tod!

George Dibdin kommt von rechts hinten vor der Terrasse.

77

Elfter Auftritt

George, Aubry zu seiner Linken.

GEORGE. Gut, daß ich Euch noch finde, gnäd'ger Herr! Ach, nehmt
Euch meiner an!

AUBRY. Was hast du, George?

GEORGE. Wenn Ihr doch den gnäd'gen Herrn bereden könntet, mit
Euch nach Davenaut zurückzukehren. Er zerstört mir meine ganze
Hochzeitsfreude, er ist immer um meine Braut, spricht und tanzt
beständig mit ihr; und sie thut auch, als wenn ich gar nicht auf der
Welt wäre, und ist so freundlich gegen ihn, als wäre er der Bräutigam. Die jungen Burschen foppen mich schon damit, allen Hoch-
zeitsgästen diene ich zum Gespötte; ich ertrage es nicht länger!

AUBRY. Unglücklicher! Und du verließest sie? Kehre sogleich in den
Saal zurück, verlaß deine Braut nie, hörst du? Nie, auch nicht auf
einen Augenblick! Es ist das einzige Mittel, dich und sie vom
größten Verderben zu retten.

GEORGE. Ihr macht mir Angst, gnäd'ger Herr! Ihr glaubt doch nicht,
daß er sie wirklich verführen würde?

AUBRY. Frage nicht, geh' schnell hinein zu ihr! Ich eile nach Davenaut
zurück! Gott! Gott! wie wird das enden!

George eilt ab nach rechts vor der Terrasse.

Aubry geht ab nach links vor der Terrasse.

*Lord Ruthwen kommt nach einer Pause mit der sich etwas
sträubenden Emmy im rechten Arm von rechts vorn.*

Zwölfter Auftritt

Emmy, Ruthwen zu ihrer Linken.

Nr. 16. Duett.

RUTHWEN *zeigt nach links.*
Leise dort zur fernen Laube!

EMMY.

Gnäd'ger Herr!

RUTHWEN.

Wo wir ungestörter sind.

EMMY *sich immer angstvoll nach rechts umsehend.*

Gnäd'ger Herr, man kommt, ich glaube –

RUTHWEN.

Nicht doch, liebes süßes Kind!

EMMY.

Ja, ja, man kommt!

RUTHWEN.

Folge mir nur wen'ge Schritte –

EMMY.

Gnäd'ger Herr! ach nein, ich bitte –
George wird mich im Saal vermissen!

RUTHWEN.

Furchtsam Närrchen, laß dich küssen!

Emmy will sich losreißen.

Ruthwen hält sie fest umschlungen.

EMMY.

Nein, ach, laßt zurück mich gehen,
Gnäd'ger Herr, ach, schonet mein!
Würde George bei Euch mich sehen,
Nimmer könnt' er mir verzeihen.

RUTHWEN.

Soll ich, ach, noch länger klagen?

Emmy wendet sich einige Schritte nach rechts.

RUTHWEN.

Wird mir nie dein Auge sagen,
Daß für mich dein Herzchen spricht?

EMMY *für sich.*

Ach, ich fühl's, mit tausend Banden
Hängt mein ganzes Herz an ihm. – Ach!

RUTHWEN *für sich.*

Lange hat sie widerstanden,

Doch sie weicht dem Ungestüm.

EMMY *für sich.*

Ach, ich fühl's, mit tausend Banden –

RUTHWEN.

So komm doch –

EMMY *wie oben.*

Hängt mein ganzes Herz an ihm!

RUTHWEN.

O komm doch, komm, mein süßes Leben!

Meiner Augen holdes Licht!

EMMY *für sich.*

Seinen Bitten widerstreben,

Ich vermag es länger nicht.

RUTHWEN *nähert sich ihr erst jetzt wieder.*

Nun, so komm, noch wen'ge Schritte –

Er umfaßt sie.

EMMY.

Nein, ach, gnäd'ger Herr, ich bitte –

RUTHWEN.

Süßes Mädchen, folge mir!

EMMY.

Gnäd'ger Herr!

RUTHWEN.

O folge mir!

EMMY.

Ach, ich zittre!

RUTHWEN.

Folge mir!

EMMY.

Ach, ich zittre!

RUTHWEN.

Folge mir!

Er läßt sie wieder los.

Kannst du länger grausam sein?

EMMY *einen Schritt von ihm.*

Grausam, gegen Euch? Ach, nein!

RUTHWEN.

Folge mir!

EMMY.

Wohl, es sei! – Ich folge dir!

Sie sinkt an seine Brust.

BEIDE.

Leise, leis' im Mondenschimmer,
Still und heimlich ziehn wir fort
Nach dem süß verschwiegnen Ort;
Du bist mein, ich dein auf immer!
Mond und Sterne mögen lauschen,
Wie wir Seel' um Seele tauschen,
Und in Liebe uns berauschen.

Sie eilen links vorn ab.

James Gadshill, Richard Scrop, Robert Green, Toms Blunt alle 80
etwas angetrunken, am meisten Blunt, kommen, jeder mit einer
Weinflasche in der Tasche, von rechts vor der Terrasse.

Dreizehnter Auftritt

Gadshill und Scrop rechts, Green und Blunt links.

BLUNT. Kommt hierher, hier sind wir ungestört.

SCROP. Im Saal ist's so heiß.

GREEN. Und solch ein Lärm, daß man nicht einmal in Ruhe trinken
kann.

Alle Vier setzen sich an den Tisch rechts.

GADSHILL. Hier ist's angenehm kühl, und der klare Mondenschein –

BLUNT.

Ach, Bruder, die Welt ist so schön!
Hast du auch eine Flasche bei dir?

GADSHILL *zieht eine Flasche aus der Tasche.* Das versteht sich!

SCROP *ebenso.* Ich auch!

GREEN *ebenso.* Ich auch!

BLUNT *ebenso.* Siehst du, ich habe auch eine bei mir – und zwei hab'
ich noch in der Tasche; denn Trinken, Bruder, siehst du, Trinken,
das ist: Trinken! Es giebt viel Annehmlichkeiten in der Welt, aber
doch nur drei Hauptvergnügungen.

GADSHILL. Ah, ich weiß schon, du meinst: Wein, Weiber und Gesang.

BLUNT. Du bist ein guter Christ, aber du hast's nicht getroffen. Siehst
du, Bruder, das erste ist: Trinken! und das Zweite ist: Trinken! und
das dritte ist: Trinken!

Alle lachen.

BLUNT. Hahaha! Nicht wahr, ich habe recht? Denn seht: Singen?
Singen ist gut, ich singe auch, aber man kann doch nicht immer
singen, man kriegt's satt. Und Weiber? O ja! o ja! – Aber – na,
davon wollen wir nicht reden, das weiß ich und meine Suse am
besten. Aber Trinken? Seht ihr, Trinken, das ist: Trinken!

ALLE DREI. Ja, Bruder, du hast recht, Bruder! *Sie trinken, stehen auf
und treten vor.*

Nr. 17. Trinklied und Quintett mit Chor.

BLUNT.

Im Herbst, da muß man trinken!

ALLE.

Im Herbst, da muß man trinken!

Das ist die rechte Zeit;

Da reift uns ja der Traube Blut

Und dabei schmeckt der Wein so gut;

Im Herbst, da muß man trinken!

BLUNT.

Im Winter muß man trinken!

ALLE.

Im Winter muß man trinken!

Im Winter ist es kalt;

Da wärmet uns der Traube Blut

Und dabei schmeckt der Wein so gut;

Im Winter, ja, da muß man trinken!

BLUNT.

Im Sommer muß man trinken!

ALLE.

Im Sommer muß man trinken!
Im Sommer ist es heiß;
Da kühlet uns der Traube Blut
Und dabei schmeckt der Wein so gut;
Im Sommer muß man trinken, trinken!

BLUNT.

Im Frühling muß man trinken!

ALLE.

Im Frühling muß man trinken!
Da ist's nicht heiß, noch kalt!
Da labt uns erst der Traube Blut,
Da schmeckt der Wein erst doppelt gut;
Im Frühling muß man trinken, trinken! – –

Juch! Das ist 'ne Fröhlichkeit,
Alles schwimmt in Seligkeit!
Alles bricht in Jubel aus,
So ist's recht beim Hochzeitsschmaus!
Juch! Das ist 'ne Fröhlichkeit,
Alles schwimmt in Seligkeit!

In größter Ausgelassenheit.

Juch!

Sie setzen sich wieder.

Frau Suse Blunt kommt eilig von rechts vor der Terasse. 82

Vierzehnter Auftritt

Die Vorigen am Tisch rechts sitzend, Frau Blunt auf der linken Seite.

Quintett.

FRAU BLUNT *schlägt Blunt auf die Schulter.*
Endlich, Alter, find' ich dich!

Sie reißt Blunt empor.

BLUNT *seelenvergnügt.*
Suse, ja, der hier bin ich.
FRAU BLUNT.
Lange, lang' schon hab' ich dich gesucht,
Nirgends konnte ich dich finden.
Hab' gewettert, hab' geflucht,
Gott verzeih' mir meine Sünden!

Keifend.

Hier bei deinen Saufkumpanen
Treffe ich dich endlich an!

Alle stehen auf und taumeln vor.

FRAU BLUNT.
O du ehrvergessner Mann,
Gleich gehst du mit mir von dannen!
BLUNT.
Liebes Weibchen, sieh nicht scheel,
Ach, ich bin so kreuzfidel.
GREEN, SCROP, GADSHILL.
Frau, was schilt sie uns denn aus,
Heute ist ja Hochzeitsschmaus.
FRAU BLUNT.
Schweigt! – Schweigt, eh' mir die Galle schwillt!
Wollt ihr noch zu mucksen wagen,
Will ich jedem von euch sagen,

Was er ist und was er gilt.
BLUNT *heimlich.*
   O weh!
FRAU BLUNT *nimmt Green mit der linken Hand und stellt ihn vor
   sich.*

   Robert Green! Ihr seid bekannt
   Überall im ganzen Land
   Als ein schlechter Ehemann,
   Der zu gern nur dann und wann
   Mag nach andern Weibern sehen,
   Und zum Spiel und Weine gehen.

   Green kratzt sich hinter dem Ohr und geht zurück.

FRAU BLUNT *dreht Blunt zu sich.*
   Du, Toms, bist ein alter Narr!
   Der nichts ist und der nichts war,
   Als ein liederlicher Säufer,
   Spieler, Schlemmer, Wirtshausläufer!

   *Sie wendet sich nach links, stößt auf Scrop, nimmt ihn beim
   Kragen.*

   Scrop, Scrop hier ist im gleichen Falle!

Sie schubst ihn beiseite, geht zu Gadshill, schlägt ihn vor die Stirn.

   Euch, James Gadshill, Euch gebricht es
   An Verstand, und kurz alle,

In der Mitte stehend, erst nach rechts, dann nach links weisend.

   Alle, alle, alle, alle taugt ihr nichts!
BLUNT.
   Liebe Suse, keinen Streit,
   Sieh, ich bin voll Seligkeit!
   Liebe Suse, keinen Streit,
   Sieh, ich bin voll Seligkeit!
FRAU BLUNT.
   Ja, ich sag' euch, alle, alle,
   Alle, alle taugt ihr nichts!

GREEN, SCROP, GADSHILL.

Still! Nein, bei Gott, das ist zu toll!

Zu Blunt.

Sagt ihr, daß sie schweigen soll.
BLUNT.

Suse, laß uns doch in Ruh!

Ihr seine Flasche hinhaltend.

Trink' einmal!
GREEN, SCROP, GADSHILL *zu Blunt.*

Sagt ihr, daß sie schweigen soll!

Sagt ihr, daß sie schweigen soll!
BLUNT.

Ich bring' dir's zu!
FRAU BLUNT *sehr heftig.*

Wie?

Was war das? Ich soll schweigen?
GREEN, SCROP, GADSHILL.

Ja, wir wollen nichts mehr hören.
BLUNT.

Trink' einmal!
FRAU BLUNT.

Ich soll schweigen!
GREEN, SCROP, GADSHILL.

Ja, wir wollen nichts mehr hören!
BLUNT.

Ich bring' dir's zu!
FRAU BLUNT.

Wer will mir den Mund verwehren!
GREEN, SCROP, GADSHILL.

Ach, wir wollen nichts mehr hören!
FRAU BLUNT *schreiend.*

Nein, nein, nein, nein!

Jetzt will ich noch ärger schrein!
BLUNT.

Liebe Suse, laß uns doch in Ruh!

Suse, laß uns doch in Ruh!

FRAU BLUNT *schlägt mit der geballten Faust auf den Tisch rechts.*

Nein, nein, nein, nein, nein, nein,

Nein, nein, nein, nein, nein, nein!

GREEN, SCROP, GADSHILL.

Still jetzt, still jetzt, still!

Stille soll sie sein!

Still jetzt! Stille soll sie sein!

FRAU BLUNT *schreiend.*

Ich will nicht schweigen!

Wartet nur, ich will euch zeigen,

Daß ich reden will und kann!

Höhnisch, in der Mitte stehend, mit dem Rücken gegen das Publikum, mit dem Gesicht nach dem Hintergrunde, den vier Zechern zugewendet, kann sie vor Erschöpfung nicht weiter und macht eine Pause; dann noch heftiger.

Hat euch, was ich sprach, verdrossen?

Nun, wohlan denn, euch zum Possen

Fange ich von vorne an!

BLUNT.

Suse, laß uns doch in Ruh!

Trink einmal!

FRAU BLUNT.

Nun, wohlan denn, euch zum Possen

Fange ich von vorne an!

BLUNT.

Ich bring' dir's zu!

GREEN, SCROP, GADSHILL.

O schweiget still!

FRAU BLUNT *zu Green.*

Robert Green, Ihr seid bekannt

Überall im ganzen Land

Als ein schlechter Ehemann!

GREEN, SCROP, GADSHILL.

Ist das Weib denn ganz von Sinnen!

85

80

FRAU BLUNT.

>Der zu gern nur dann und wann
>Mag nach andern Weibern sehen
>Und zum Spiel und Weine gehen.

GREEN, SCROP, GADSHILL *zu Blunt.*

>Nachbar, sprecht, was nun beginnen?

Blunt steht abgewendet und trinkt.

FRAU BLUNT *dreht ihn zu sich herum.*

>Du, Toms, bist ein alter Narr,
>Der nichts ist und der nichts war,
>Als ein liederlicher Säufer,
>Spieler, Schlemmer, Wirtshausläufer,
>Der nichts ist und der nichts war,
>Als ein liederlicher Säufer!

GREEN, SCROP, GADSHILL.

>Ist das Weib denn ganz von Sinnen?

Blunt steht wieder abgewendet und trinkt.

FRAU BLUNT.

>Scrop hier ist in gleichem Falle;
>Euch, James Gadshill, Euch gebricht's am Verstande!

GREEN, SCROP, GADSHILL.

>Nachbar, sagt, was nun beginnen?

BLUNT.

>Macht's wie ich, und bleibt in Ruh,
>Wird's zu arg, so lacht dazu!
>'s ist ein liebes Weibchen doch,
>Stoßet an, sie lebe hoch!

FRAU BLUNT.

>Und kurz, alle, alle taugt ihr nichts!

GREEN, SCROP, GADSHILL.

>Hahahahahahahahahahahaha!

BLUNT, GREEN, SCROP, GADSHILL.

>Stoßet an, sie lebe hoch!

John Perth, George Dibdin, sämtliche Bauern
kommen von rechts.

Fünfzehnter Auftritt

Die Vorigen. Perth nimmt die rechte Ecke. Bauern zurückstehend.
George. Dann Aufwärter.

George entfernt sich, Emmy suchend, nach links vorn, wo Ruthwen
zuletzt mit ihr abgegangen ist.

BLUNT.
    Sie lebe hoch! sie lebe hoch!
GREEN, SCROP, GADSHILL.
    Hahaha, hahahahahahahaha!
CHOR.
    Welcher Lärm! was ist geschehen?
    Saget, was bedeutet das?
BLUNT.
    Sie lebe hoch!
CHOR.
    Man kann ja kein Wort verstehen,
    Ist es Ernst denn oder Spaß?
FRAU BLUNT *wie vorher.*
    Robert Green, ihr seid bekannt
    Überall im ganzen Land
    Als ein schlechter Ehemann,
    Der zu gern nur dann und wann
    Mag nach andern Weibern sehen
    Und zum Spiel und Weine gehen.
    Du, Toms, bist ein alter Narr,
    Der nichts ist und der nichts war,
    Als ein liederlicher Säufer,
    Spieler, Schlemmer, Wirtshausläufer.
    Scrop hier ist in gleichem Falle.
    Euch, James Gadshill, Euch gebricht's am Verstande!

        Sie hört gleichsam vor Erschöpfung auf.

Und kurz, alle, alle, alle, alle, alle taugt ihr nichts!

BLUNT.

    Suse! Suse! – Laß uns doch in Ruh!

    Liebes Weibchen, sieh nicht scheel,

    Ach, ich bin so kreuzfidel!

    Trink einmal, ich bring' dir's zu!

    Sie lebe hoch! sie lebe hoch! sie lebe hoch!

GREEN, SCROP, GADSHILL.

    Hahahahahahahahahaha!

CHOR.

    Dieses Schelten, dieses Lachen,

    Das verwirrt uns alle noch!

    Wollt ihr uns denn rasend machen?

    Frau, so schweig sie endlich still!

Einige Bauern tragen Frau Blunt jubelnd nach rechts vor der Terrasse ab.

Blunt folgt ihnen.

Aufwärter räumen unauffällig den Tisch und die Stühle rechts vorn weg.

Es fällt links vorn ein Schuß.

Sechszehnter Auftritt

Die Vorigen ohne Blunt und seine Frau.

PERTH *nimmt die Mitte, spricht.*

    Horch – was war das?

Er beobachtet nach links vorn.

GREEN *spricht.*

    Es fiel ein Schuß!

ALLE *durcheinandersprechend.*

    Ja, ja, ein Schuß, ein Schuß!

Sie wenden sich nach der rechten Seite, so daß die linke Seite frei bleibt.

Pause.

Es fällt links vorn ein zweiter Schuß.

PERTH *wie oben.*
> Und noch einmal! Was kann das sein?

ALLE *nach links vorn zeigend.*
> Auf, eilet schnell nach jener Seite,
> Im nahen Wäldchen fiel der Schuß!

PERTH.
> Doch sehet, dort nahet diesem Platze
> George Dibdin sich in voller Hast!

George Dibdin kommt eilig und atemlos von links vorn.

Siebzehnter Auftritt

Alle auf der rechten Seite. John Perth rechts vorn. George zu seiner Linken. Dann Emmy als Leiche.

GEORGE *angstvoll.*
> Ach, Freunde, eilt, ach, eilet, rettet, Freunde!

PERTH.
> Sprich, George, was ist geschehn? Was ist geschehn?

GEORGE.
> Ach, Eure Emmy, Vater, ist ermordet,
> Und ich, weh mir, erschoß den gnäd'gen Herrn!

PERTH.
> Gerechter Gott! welch gräßliches Verbrechen!
> Sprich, Unglückseliger, wie ging das zu?

> *Größte Teilnahme während der Erzählung.*

GEORGE.
> Voll Eifersucht sucht' ich den gnäd'gen Herrn,
> Der meine Emmy aus dem Saal entführte.
> Vergebens spähte ich den Garten durch,

Und kam zur Pforte bei dem nahen Wäldchen.
Da höre ich die Stimme meiner Braut,
Sie schreit um Hilfe, teuflisches Gelächter

Des gnäd'gen Herrn dringt gleich drauf mir ins Ohr,
Ich eile hin, erblicke sie am Boden,
Ich ziehe die Pistole wutentflammt,
Ich ziele nach dem gnäd'gen Herrn, ich schieße!
Er stürzt zu Boden, rafft sich wieder auf,
Und eilt davon, ich hin zu Eurer Tochter!
Weh mir! voll Blut und leblos liegt sie da!

Vier Bauern eilen ab nach links vorn.

GEORGE.

Besinnungslos, nur meiner Rache folgend,
Stürz' ich ihm nach, dem Grafen! Ein zweiter Schuß
Ereilt ihn bei dem Erdfall nah am Garten,
Er stürzt hinab! Erstarrt steh' ich am Rande.
Gekühlt war meine Rache; mit Entsetzen
Erkenn' ich meine schaudervolle That!
Ach, gräßlich war es anzusehen, wie
Der Mond das blasse Antlitz hell beschien,
Der hoch herab vom Himmel in die Kluft sah.
Nicht Ruhe hab' ich mehr auf dieser Erde.
Eilt, seht, ob Eure Tochter noch zu retten,
Mich treibt die Unthat in die weite Welt!

Er stürzt ab nach links hinten vor der Terrasse.

*Die vier Bauern bringen von links vorn auf einer Trage die Leiche
Emmys und stellen sie in der Mitte nieder.*

PERTH *ruft aus.*

Mein Kind, mein armes Kind!

Er bricht an der Trage zusammen.

Alle nähern sich und knieen nieder.

Nr. 18. Chor.

CHOR.

> Freuden und Leiden im irdischen Leben
> Wechseln so rasch, wie die Stunden entschweben!
> Wir zogen so fröhlich und munter daher,
> Zu vereinen die Braut mit dem Gatten.
> Ach, und jetzt gehen wir bange und schwer,
> Ihre Leiche zur Gruft zu bestatten! 89

Vierter Aufzug.

Festlich geschmückter Säulensaal im Schlosse des Lord von Davenaut.

Erster Auftritt

Edgar Aubry allein, kommt von links über die Estrade.

AUBRY. Vergebens sinne ich hin und her, kein Mittel zeigt sich mir, die schreckliche That zu verhüten! Malwina muß ich sprechen, sie beschwören, Aufschub zu gewinnen, nur wenige Stunden, nur so lange, bis die Zeit verflossen, in welcher jener fürchterliche Eid meine Zunge fesselt. Ach, wird sie es können? Ich muß sie warnen, warnen, auch nicht der leisesten Hingebung zu jenem schrecklichen Wesen Raum zu geben, sei es aus Wohlwollen, sei es aus Mitleid. Einmal ihm verfallen, vermag nichts mehr, sie zu retten.

Malwina kommt hochzeitlich gekleidet von rechts über die Estrade.

Zweiter Auftritt

Malwina, Aubry zu ihrer Linken.

MALWINA *in heftiger Bewegung in seine Arme sinkend.* Edgar! *Pause.*
AUBRY. Malwina! – Du hast geweint! *Pause.*
MALWINA. Ach, umsonst habe ich meinen Vater mit Thränen gebeten, den Gedanken an jene verhaßte Verbindung aufzugeben; vergebens ihn beschworen, mir nur Aufschub zu gewähren; fest beharrt er auf seinem Sinn, fühllos gegen meine Leiden. Die Gäste sind versammelt, die Kapelle geschmückt, nur die Rückkunft des Grafen wird erwartet, um mein Unglück durch Priestersegen zu heiligen. *Sie wendet sich ab und weint bitterlich.* Vor der Kapelle steht der Wagen des Grafen, um sogleich nach der Trauung –

Nr. 19. Duett.

AUBRY.

> Halt ein, ich kann es nicht ertragen,
> Du bist verloren! Wehe dir!
> Und wehe mir, ich muß verzagen,
> Nur Wahnsinn bleibt, Verzweiflung mir!
> O dürft' ich rasch mit eignen Händen
> Dies martervolle Dasein enden!

MALWINA.

> O laß, Geliebter, dich beschwören,
> Ersticke nicht den frohen Muth!
> Noch lebt ein Gott, er kann uns hören,
> Will er, so endet alles gut!
> Laß uns mit kindlichem Vertrauen
> Auf seine Vaterhilfe bauen.

Für sich.

> Ach, ich darf ihm ja nicht sagen,
> Daß auch ich nicht Trost noch Rettung finde,
> Muß allein den schweren Kummer tragen,
> Daß ihm nicht die letzte Hoffnung schwinde!

AUBRY *für sich.*

> Ach, ich muß ihr ja verschweigen,
> Welch Verderben ihr genüber steht;
> Darf ihr nicht den finstern Abgrund zeigen,
> Dem sie rettungslos entgegengeht!

Laut zu Malwina.

> Es drängt die Zeit, Malwina, laß dich warnen,
> O zögre nur, bis der Tag erwacht;
> Arglistig ist und groß der Hölle Macht,
> Mit bösem Zauber weiß sie zu umgarnen.

MALWINA.

> Was redest du? Was hätt' ich zu befahren?
> Ich fürchte nur des Vaters streng' Gebot!
> Vor allem, was mir sonst Verderben droht,
> Wird mich mein Herz, mein reiner Sinn bewahren!

In frommer Begeisterung.

Wer Gottesfurcht im frommen Herzen trägt,
Im treuen Busen reine Liebe hegt,
Dem muß der Hölle dunkle Macht entweichen,
Kein böser Zauber kann ihn je erreichen!
AUBRY *entzückt.*
Sei mir gegrüßt, du schönes Himmelslicht,
Das prangend durch die Nacht des Zweifels bricht!
Mit lautem Jubel, wie aus lichten Sphären,
Jauchzt es mir zu mit tausend Engelchören!
BEIDE *gesteigert.*
Wer Gottesfurcht im frommen Herzen trägt,
Im treuen Busen reine Liebe hegt,
Dem muß der Hölle dunkle Macht entweichen,
Kein böser Zauber kann ihn je erreichen!

Aubry geht mit dem Einsatz der Trompeten, welcher die
Hochzeitsgäste ankündigt, nach rechts.

Malwina wendet sich gleichzeitig mit einigen Schritten nach links.

Der Hochzeitszug kommt von rechts über die Estrade.

92 *Acht Jäger mit Fahnen eröffnen den Zug; es folgen*
vier Diener, acht Blumenmädchen, sechs Paar Edelherren und
Damen, zwei Brautjungfern mit Kranz und Schleier, Sir Humphrey
Lord von Davenaut, zwölf Guirlandenmädchen, Bauern und
Bäuerinnen von Davenaut.

Dritter Auftritt

Die Vorigen. Der Hochzeitszug.

Nr. 20. Finale.

CHOR DER GÄSTE.
Blumen und Blüten im Zephyrgekose,
Lieblich entfaltet dem schmeichelnden West,
Blume des Hochlands, du Davenaut-Rose,
Winden wir dir zu dem heutigen Fest.

DAVENAUT.

> Ihr Freunde, kommt, beginnt die Hochzeitsfeier
> Mit frohem Sinn und heitrer Fröhlichkeit;
> Mein einzig Kind, dem Vaterherzen teuer,
> Vermähle ich dem edlen Gatten heut'!

MALWINA *für sich.*

> Dein Wille, Herr im Himmel, mag geschehen,
> In gläub'ger Demut unterwerf' ich mich;
> O laß ein Zeichen deiner Huld mich sehen,
> Ich bin ja dein Geschöpf, erbarme dich!

AUBRY *für sich.*

> Schon senkte sich ein Engel tröstend nieder
> Mit schöner Hoffnung ros'gem Dämmerschein;
> Doch rasch durchbebt mich kaltes Grausen wieder,
> Hohnlachend stürmt die Hölle auf mich ein!
> O Herr, erbarme dich!

DAVENAUT.

> Ihr Freunde, kommt, beginnt die Hochzeitsfeier!

CHOR.

> Ja, Freunde, auf, beginnt die Hochzeitsfeier
> Mit frohem Sinn und heitrer Fröhlichkeit;
> Das einz'ge Kind, dem Vaterherzen teuer,
> Vermählet er dem edlen Gatten heut'!
> Singet laut und jubelt froh!

Der Haushofmeister kommt mit zwei Dienern von rechts über die Estrade.

Lord Ruthwen tritt wild und verstört, ohne Mantel, unmittelbar hinter den Dienern ein.

Vierter Auftritt

Die Vorigen. Lord Ruthwen. Der Haushofmeister. Die beiden Diener.

HAUSHOFMEISTER *spricht meldend.*

> Der Graf von Marsden!

Davenaut geht Ruthwen entgegen und geleitet ihn vor.

Ruthwen tritt zwischen Aubry und Davenaut.

Der Haushofmeister nimmt mit den beiden Dienern hinter den Brautjungfern Aufstellung.

Begrüßung von allen Seiten.

MALWINA *wankt, Ruthwen erblickend, einige Schritte nach links, für sich; singt.*

Allgerechter!

AUBRY *beiseite.*

Weh, Entsetzen!

CHOR.

Ha, willkommen!

DAVENAUT.

Ha, willkommen!

RUTHWEN *zu Davenaut.*

Sir, entschuld'gen kann ich nicht,
Daß ich säumt' in meiner Pflicht,
Hab' ich doch mein Glück verschoben;
Meinen Fehler wollt' ich loben,
Preisen noch mein Mißgeschick,

Zärtlich zu Malwina.

Zürnte auch Myladys Blick
Auf den läss'gen Bräutigam,
Der so spät zur Hochzeit kam.

DAVENAUT.

Spart die Worte, lieber Sohn,
Alles ist bereitet schon!
Auf denn, fort, hin zur Kapelle,
Dort will ich an heil'ger Stelle
Bei des Priesters frommem Segen
Ihre Hand in Eure legen.

Aubry zieht sich beobachtend mehr und mehr zurück.

MALWINA *stürzt verzweifelt zu ihrem Vater, ihn mit bittenden Gebärden anflehend.*

Ach, mein Vater, habt Erbarmen!

DAVENAUT *weist sie zurück; zu den Anwesenden.*

Auf, Freunde, auf!

MALWINA.

Ach, habt Erbarmen, ach, mein Vater!

DAVENAUT *wie oben.*

Mit heiterm Sang begleitet unsern Hochzeitsgang!

AUBRY *für sich.*

Starr und leblos steh' ich da! –

O Gott, wie wird das enden!

MALWINA *für sich.*

Wehe mir! ach, weh' mir Armen! –

Laut.

Mein Vater!

RUTHWEN *für sich.*

Ha! Triumph! Das ziel ist nah!

Sie ist in meinen Händen!

Triumph! Das Ziel ist nah!

DAVENAUT.

Auf! Freunde, auf, mit heiterm Sang

Begleitet unsern Hochzeitsgang,

Auf, Freunde, auf!

Er führt Malwina an sich vorüber Ruthwen zu.

Die Blumenmädchen streuen nach dem Ausgang hin Blumen. 95

Die Edelherren reichen ihren Damen die Hand.

Ruthwen faßt in zärtlicher Haltung Malwinas Hand, um sie zu führen.

CHOR.

Möchte die Zukunft die heitersten Lose,

Rosen gleich, dir auf den Lebenspfad streun;

Blume des Hochlands, du Davenaut-Rose,
Wie wir heut' Blumen –

*Alle machen während des Chors eine leichte Bewegung zum Abgang
nach dem Hintergrunde zu.*

AUBRY *tritt heftig zwischen Malwina und Ruthwen.*
Haltet ein! –
Nein, nimmermehr soll sie dein Opfer sein!

Allgemeine Bestürzung.

Alle wenden sich erstaunt nach vorn. Malwina läßt Ruthwen los.

Ruthwen wendet sich mit einigen Schritten nach rechts vorn.

CHOR.
Ha! was ist das?
Welch seltsames Beginnen!
DAVENAUT *tritt zwischen Ruthwen und Aubry.*
Thörichter Knabe!
Weiche schnell von hinnen!
Unsinniger, hinweg mit dir! zurück!
Zu weit treibt dich strafbare Leidenschaft.
AUBRY.
Ha, nimmermehr! Es drängt der Augenblick!

Er umschlingt Malwina.

Ich fühle Mut in mir und Kraft,
Ich will und muß die Heißgeliebte retten!
DAVENAUT.
Ha, werft den Rasenden in Ketten!

*Die beiden Diener beim Haushofmeister treten vor und gehen auf
Aubry los.*

Aubry geht mit Malwina, die er fest umschlungen hält, ganz vor.

CHOR.
Ha! was ist das? Welch seltsames Beginnen?

AUBRY.

    Fest will ich sie umklammern und umfassen

    Und nur mit meinem Leben lassen!

DAVENAUT.

    Hinweg mit ihm!

CHOR.

    Ha! was ist das?

DAVENAUT.

    Trennt sie, er ist von Sinnen!

AUBRY.

    Ha, nimmermehr!

> *Die beiden Diener trennen Aubry und Malwina mit*
> *Gewalt.*

AUBRY.

    Ach, habt Erbarmen!

    Betrogner Vater, ach, Ihr wißt nicht, was Ihr thut!

    Verloren Euer Kind, noch eh' der Morgen graut,

    Bestimmt Ihr sie zu dieses Scheusals Braut.

DAVENAUT.

    Wie, Rasender!

CHOR.

    Was ist das?

DAVENAUT.

    Du wagst den Mann zu schmähen,

    Den sich dein Lord zum Eidam ausersehen?

    Ha, fürchte meines Zornes Wut!

RUTHWEN *für sich.*

    Die Zeit vergeht!

    Es wird zu spät! –

    Grausen bebt durch meine Glieder!

    Die Zeit vergeht, es wird zu spät!

    Grausen bebt durch meine Glieder!

MALWINA *für sich.*

    Mut und Vertrauen verlassen mich,

    Vater im Himmel, erbarme dich!

CHOR *unter sich.*

Wie die Sache auch sich wende,
Weh, das nimmt kein gutes Ende,
Was ich höre, was ich sehe,
Deutet mir des Unglücks Nähe!

AUBRY.

Ha, trauet dem Verruchten nicht!
Seht das verworfne Angesicht!
Sein Auge flammet Höllenglut!
Er lechzet schon nach ihrem Blut!
Ihr seht sie niemals, niemals wieder!

CHOR.

Weh! was war das? Welch seltsames Beginnen?

RUTHWEN.

Der hoffnungslosen Liebe Glut,
Sie tobt in ihm mit wilder Wut!
Ha, fessel seinen Ungestüm,
Ihr hört, der Wahnsinn spricht aus ihm!

DAVENAUT.

Ja, fessel seinen Ungestüm!
Man hört, der Wahnsinn spricht aus ihm!
Hinweg mit ihm, er ist von Sinnen!
Hinweg mit ihm!

RUTHWEN.

Ja, hinweg mit ihm, er ist von Sinnen!

CHOR.

Ha, fessel seinen Ungestüm! – Ja! –
Man hört, der Wahnsinn – ja – spricht aus ihm!
Ja, hinweg mit ihm, er ist von Sinnen,
Hinweg mit ihm!

Die beiden Diener drängen Aubry etwas weiter zurück.

AUBRY *außer sich.*

Malwina, höre mich!
In Todesangst beschwör' ich dich!
Verderben droht dir diese Nacht!

O zögre nur, bis der Tag erwacht,
O zögre nur –

Die beiden Diener schleppen Aubry nach links ab.

Fünfter Auftritt

Die Vorigen ohne Aubry Dann Aubrys Stimme.

DAVENAUT.
    Hinweg!
RUTHWEN *für sich.*
    Die Zeit vergeht, es wird zu spät!
    Grausen bebt durch meine Glieder!
MALWINA *für sich.*
    Mut und Vertrauen verlassen mich,
    Vater im Himmel, erbarme dich!
AUBRY *außerhalb.*
    Malwina! – Malwina! –
CHOR.
    Hinweg! Wie die Sache auch sich wende,
    Weh! das nimmt kein gutes Ende!
    Was ich höre, was ich sehe,
    Deutet mir des Unglücks Nähe!
RUTHWEN *zu Davenaut.*
    Die Zeit vergeht, es wird zu spät,
    Laßt uns rasch zum Werke schreiten.
DAVENAUT.
    Ihr Freunde, auf, mit heiterm Sang
    Begleitet unsern Hochzeitsgang.
MALWINA.
    Vater! ach, Vater! laß mit Zähren dich beschwören!
    Vater! ach, Vater! Hab' Erbarmen mit mir Armen!
    Meine Kräfte fühl' ich schwinden,
    O laß die Tochter Mitleid finden!
    O gönn' mir Zeit, der Tag ist nicht mehr weit!
    Ach, laß uns bis morgen weilen!

98

CHOR.

O gönnt ihr Zeit, der Tag ist nicht mehr weit!

Warum so hastig eilen?

RUTHWEN.

Mich drängt die Zeit!

DAVENAUT.

Sprecht, kann es sein!

RUTHWEN.

Ihr wißt, was Pflicht gebeut!

DAVENAUT.

Ich will'ge gerne ein!

RUTHWEN.

Ich darf nicht länger weilen!

DAVENAUT.

Sir, laßt uns bis morgen weilen.

RUTHWEN.

Nein! nimmermehr! Es kann und darf nicht sein.

Ihr gabt mir Euer Wort,

Wollt Ihr es ehrlos brechen?

DAVENAUT *heftig.*

Ha! Wer wagt es, so mit mir zu sprechen?

RUTHWEN.

Wollt Ihr es ehrlos brechen?

DAVENAUT.

Ha! Wer wagt es, so mit mir zu sprechen!

Auf! auf denn, zur Trauung fort!

Er will Malwinas Hand fassen, um sie Ruthwen zuzuführen.

Allgemeine Bewegung zur Zugordnung.

MALWINA *widerstrebend.*

Nein, nimmermehr!

DAVENAUT.

Auf, zur Trauung fort!

Er faßt energisch Malwinas Hand.

MALWINA *energisch.*

Ich will'ge niemals ein!

Sie reißt sich los und flieht einige Schritte nach links.

DAVENAUT.

Auf, Freunde, fort!

MALWINA.

Ha, nicht Liebe, nur Entsetzen
Fühle ich für diesen Mann.

Bewegung.

DAVENAUT.

Ha! wagst du's, dich zu widersetzen?
Ha! Verräterin! Wohlan!
So treffe dich – des Vaters *Fluch!*

MALWINA UND CHOR.

Weh!

Malwina wankt und droht zu sinken.

Allgemeine große Bewegung.

Die nahestehenden Edeldamen treten erschreckt an Malwina heran 99
und unterstützen sie.

Allgemeine Teilnahme für Malwina.

CHOR.

Was ist geschehn!

DAVENAUT *selbst ist tief ergriffen und giebt mit Widerstreben den*
Befehl für den Hochzeitszug.

Auf! beginnt den Hochzeitszug!

Die zwei Brautjungfern treten heran und schmücken Malwina mit
Kranz und Schleier.

CHOR.

Wie nach verderblichem Wettergetose
Lächelt die Freude mit heiterem Blick,

Blume des Hochlands, du Davenaut-Rose,
Wende sich jede Gefahr dir zum Glück!

Der Zug ordnet sich.

*Es zieht sich ein Gewitter zusammen, der Saal verdunkelt sich ein
wenig.*

Die Jäger treten von den Stufen und bilden Spalier.

Die Blumenmädchen paarweise in der Mitte.

Die Guirlandenmädchen rechts und links im Mittelgrund.

*Davenaut reicht Malwina die linke Hand und macht mit ihr eine
Wendung nach hinten, so daß Malwina die Mitte gewinnt.*

*Ruthwen tritt ihr zur Seite, sobald sie die Mitte erreicht hat und
giebt ihr seine rechte Hand.*

Ruthwen, Malwina, Davenaut beginnen den Zug nach hinten.

Die beiden Brautjungfern folgen.

Die Edelpaare ebenso.

Leichter Donner.

AUBRY *links außerhalb.*
Vergebens hemmt ihr meines Wahnsinns Stärke,
Ich muß hinein!
Zertrümmern will ich dieses Dämons Werke.
RUTHWEN, DAVENAUT UND CHOR.
Man muß den Eingang ihm verwehren!

*Ruthwen, Malwina und Davenaut sind an den Stufen zur Estrade
angelangt.*

*Edgar Aubry gehalten von den beiden Dienern, die mit ihm
abgegangen sind, stürzt von links über die Estrade bis zur Mitte
vor den Vorhang zur Kapelle.*

100

Sechster Auftritt

Die Vorigen. Aubry. Die beiden Diener an seiner Seite, ihn haltend.
Dann der Vampyrmeister. Dann ein Priester und zwei Chorknaben.

AUBRY *in größter Erregung.*
Haltet *ein!*

Mit dem letzten Worte heftiger Donnerschlag.

Alle wenden sich nach vorn.

Aubry reißt sich von den beiden Dienern los und stürzt vor,
Ruthwen zur Linken.

Malwina eilt an Davenaut vorüber nach der linken Ecke.

RUTHWEN *für sich.*
Ich bin verloren! Wehe mir!
AUBRY *auf Ruthwen weisend.*
Wißt, dieses Scheusal der Natur –

Das Gewitter dauert fort.

RUTHWEN.
Aubry! Gedenk' an deinen Schwur –
Verderben drohet dir!
CHOR *entsetzt.*
Weh'!
AUBRY *wie oben.*
Nicht zag' ich vor des Ew'gen Grimme –
CHOR.
Weh'!
AUBRY.
Laut ruf' ich es mit Donnerstimme:
RUTHWEN *zu Aubry.*
Verderben drohet dir!
CHOR *wie oben.*
Weh', was werd' ich hören?

Donner.

AUBRY *wie oben.*
Dieses Scheusal hier –

Donner.

RUTHWEN *für sich.*
Zermalmung bebt durch meine Glieder!
Gottes Donner wirft mich nieder! Wehe mir!
AUBRY *mit größter Kraft.*
Dieses Scheusal hier,
Ist ein *Vampyr!*

Es schlägt mit der zweiten Silbe des letzten Wortes Eins.

ALLE *mit dem Ausruf des Entsetzens.*
Weh'!

Es wird plötzlich Nacht.

Die Lichter erlöschen.

Der Vampyrmeister steigt von unten herauf.

Fürchterlicher Blitz, Donner und Einschlag.

Ruthwen stürzt vernichtet dem Vampyrmeister zu Füßen.

Vampyrmeister packt ihn unter jubelndem Hohngelächter der Hölle und versinkt mit ihm.

Flammen schlagen hinter beiden empor.

Alle stehen leblos, wie versteinert, in einer Gruppe des Entsetzens.

Malwina ist links vorn in die Kniee gesunken.

Die Edeldamen bemühen sich um sie.

Die Mädchen sind wie Malwina in die Kniee gesunken.

Große Pause.

Das Gewitter endet, es wird wieder hell, die Lichter brennen wieder.

Alle erholen sich nach und nach und stehen,
Malwina ausgenommen, auf.

CHOR *scheu und tonlos.*

    Ha! Was war das? Was ist geschehen hier?

DAVENAUT.

    Gott, mein Kind, welch Unglück drohte dir!

MALWINA *erhebt sich erst jetzt, mit erhobenen Händen zum Himmel.*

    Wer Gottesfurcht im frommen Herzen trägt,
    Im treuen Busen reine Liebe hegt,
    Dem muß der Hölle dunkle Macht entweichen,
    Kein böser Zauber kann ihn je erreichen!

AUBRY, MALWINA, CHOR *in betender Stellung.*

    Wer Gottesfurcht im frommen Herzen trägt,
    Im treuen Busen reine Liebe hegt,
    Dem muß der Hölle dunkle Macht entweichen,
    Kein böser Zauber kann ihn je erreichen!

DAVENAUT.

    Verloren hab' ich meine Vaterrechte!
    Geliebte Tochter, kannst du mir verzeihen?
    Auf daß ich sie zurückgewinnen möchte,
    Will ich mit heißem Vatersegen
    Jetzt diese Hand in deine legen!

Zu Aubry.

Du sollst mein Sohn und meines Namens Erbe sein!

Er vereinigt die Liebenden.

MALWINA *beglückt.*

    Tief im innersten Gemüte
    Fühl' ich dankbar deine Güte,
    Vater, Worte hab ich nicht.

AUBRY *ebenso.*

    Darf ich's glauben, darf ich's hoffen?
    Ach, den Himmel seh' ich offen!
    Diese Wonne trag' ich nicht.

Der Vorhang zur Kapelle hinten wird geöffnet; es zeigt sich die Schloßkapelle mit dem Altar in der Mitte.

Der Priester wendet sich mit den beiden Chorknaben nach vorn, um Segen spendend das Brautpaar zu empfangen.

Abermalige Ordnung zum Zug.

CHOR.
    Prangend aus des Verderbens Schoß
    Erblühte euch das schönste Los;
    So steiget aus der finstern Nacht
    Der Tag empor mit Strahlenpracht;
    Dem Ewigen sei Preis und Dank!
    Ihm schalle unser Lobgesang!
AUBRY, MALWINA, DAVENAUT.
    Dem Ewigen sei Preis und Dank!
    Ihm schalle unser Lobgesang!

Die Mädchen streuen Blumen.

Aubry reicht Malwina die rechte Hand und wendet sich nach hinten zur Trauung.

Die Brautjungfern, Davenaut und die Andern folgen.

Ende.

Biographie

1795   Wilhelm August Wohlbrück wird in Hannover geboren. Er stammt aus einer bekannten Schauspielerfamilie.

1824   Wohlbrück erhält ein Engagement in Breslau.

1828   Für die Oper »Der Vampyr« seines Schwagers Heinrich Marschner schreibt Wohlbrück das Libretto. Die Oper wird ein großer Erfolg.

1829   Umzug nach Leipzig. Inspiriert von Scotts »Ivanhoe« verfasst Wohlbrück das Libretto zur Oper »Der Templer und die Jüdin«. Die Musik stammt wieder von Marschner.

1831   »Des Falkners Braut« ist eine weitere Zusammenarbeit mit Marschner.

1837   Er wird in Magdeburg und Riga engagiert.

1838   Auch zu Marschners Oper »Der Bäbu« schreibt Wohlbrück das Libretto.

1848   Wohlbrück stirbt in Riga an der Cholera.